王　迅◎著

经营者人力资本价值计量研究

Research about Operator Human Capital
Value Measurement

国家行政学院出版社

图书在版编目（CIP）数据

经营者人力资本价值计量研究/王迅著. —北京：国家行政学院出版社，2016.4

ISBN 978 – 7 – 5150 – 1774 – 7

Ⅰ.①经… Ⅱ.①王… Ⅲ.①人力资本—价值—计量—研究Ⅳ.①F241

中国版本图书馆 CIP 数据核字（2016）第 081636 号

书　　名	经营者人力资本价值计量研究	
著　　者	王　迅	
责任编辑	沈桂晴	
出版发行	国家行政学院出版社	
	（北京市海淀区长春桥路 6 号　　100089）	
	（010）68920640　　68929037	
	http：//cbs. nsa. gov. cn	
编 辑 部	（010）68922648	
经　　销	新华书店	
印　　刷	北京九州迅驰传媒文化有限公司	
版　　次	2016 年 4 月北京第 1 版	
印　　次	2016 年 4 月北京第 1 次印刷	
开　　本	710 毫米 ×1000 毫米　16 开	
印　　张	9. 25	
字　　数	155 千字	
书　　号	ISBN 978 – 7 – 5150 – 1774 – 7	
定　　价	28. 00 元	

本书如有印装质量问题，可随时调换，联系电话：（010）68929022

目　　录

中文摘要

　　经营者人力资本是企业中最具价值的人力资本。它的价值不仅体现在为企业创造超额收益，还体现在它也是其他类型人力资本创造价值的关键。因此，经营者越来越成为各国、各企业所追逐的对象，选拔、吸引、培育优秀的经营者，已经成为国家和企业一项长期的、关乎生存与发展的战略性任务。为了有效提升经营者人力资本的价值及对经营者实施合理的激励，需要明确经营者人力资本价值的决定要素并对经营者人力资本价值进行正确的计量，本选题基于这一背景而展开相关研究。

　　本书以人力资本理论（人力资本投资、人力资本定价、人力资本产权）、无形资产理论和委托—代理理论三种理论为基础，分析了经营者人力资本价值计量的理论依据。经营者人力资本既是人力资本理论所研究的内容，同时经营者人力资本又是企业一种重要的无形资产，对经营者人力资本价值进行计量不仅有助于实现对经营者人力资本的投资、经营者人力资本的定价及经营者人力资本产权的分配，还有助于会计上对经营者人力资本价值的确认，完善企业的资本结构等。

　　在经营者人力资本价值计量中，探寻合理计量方法的前提是要明确经营者人力资本的特征。通过对经营者人力资本特征的分析，本书认为经营者人力资本具有异质性、隐蔽性、团队性、能动性及价值发挥的"多元性"等特征，在计量方法上要求采用产出法计量、间接性计量、团队计量、动态计量等。经营者人力资本价值计量不仅应当包括对经营者所创造的效益的确认，还应当能够较全面地反映经营者人力资本价值的潜在创造力，以对经营者实现有效激励和合理的定价。在经营者人力资本价值计量上，在考虑采用货币方法对经营者人力资本进行价值计量的同时更需要考虑采用间接性的非货币计量方法对经营者的人力资本价值进行计量。

基于对经营者人力资本特征的分析，本书在对经营者人力资本价值计量研究中，一方面关注经营者人力资本与一般人力资本的共性，另一方面特别关注经营者人力资本的特殊性，在掌握人力资本共性和把握经营者人力资本特性的基础上，对影响经营者人力资本价值的因素进行分析。

首先，本书认为经营者人力资本的形成是一种长期的、动态的过程，影响和决定其人力资本价值的要素不仅包括经营者自身的知识、技能、健康等存量投资，还包括企业内外环境，以及经营者自身的天赋、追求成功的愿望等一系列相关因素。概括地讲，影响经营者人力资本价值的要素主要包括三个方面：经营者人力资本存量要素、经营者个性特征要素及组织环境要素。经营者人力资本价值是经营者人力资本存量与经营者人力资本效能（经营者特性和组织环境）共同作用的结果。

其次，本书依据对经营者人力资本价值影响因素的系统分析，从三个维度归纳确定出影响经营者人力资本价值的 37 个初级指标。在综合考虑经营者的人力资本存量、经营者特性及组织环境这三方因素的基础上，本文通过构建经营者人力资本价值计量指标体系、采取样本调查的方法，通过问卷调查获得相关数据，采用因子分析法确定出解释经营者人力资本价值的 14 个因子，分别为经营者工作经验因子、经营者健康因子、经营者教育程度因子、经营者创新能力因子、经营者市场应变能力因子、经营者领导能力因子、经营者战略决策能力因子、经营者个人魅力因子、经营者情绪品质因子、经营者责任品质因子、经营者职业道德品质因子、经营者权力因子、企业协作因子、企业规模因子，以及这些因子与其构成指标之间的定量关系，然后通过专家调查（改进标度的层次分析法等）确定这些指标与经营者人力资本价值之间的定量关系及它们之间的相关关系，建立经营者人力资本价值计量模型。通过对模型的可靠性和有效性的检验，结果表明，本书构建的模型能够比较真实地反映经营者人力资本的价值。

最后，为了实现经营者人力资本价值的增值，提升企业的竞争力，本书在对经营者人力资本价值影响要素的分析和构建的经营者人力资本价值计量模型的基础上，有针对性地提出从完善相关市场环境、发展人力资本理论下的企业治理结构、探寻合理的经营者人力资本结构，以及完善经营者人力资本的激励与监督机制四个方面以提出提升经营者人力资本的价值的途径。

在本选题的研究中，较为系统地从经营者个性特征、经营者的人力资本存量及组织环境三个维度对经营者的人力资本价值进行了计量，并从这三个维度确定出经营者人力资本价值计量指标体系，这是对相关研究的创新。此外，本文通过调查研究，构建了经营者人力资本价值计量模型，这对于丰富经营者人力资本价值计量在国内外的研究成果，指导经营者人力资本培育及经营者激励等均具有积极的创新意义。

关键词： 经营者人力资本；价值决定要素；因子分析；计量模型

ABSTRACT

Operator human capital is the most valuable human capital in enterprises. The value not only manifests in it can create superior earnings for enterprises, but also it's the key to create value of other type human capitals. Therefore, the operator human capital becomes the object which more and more countries and enterprises pursue. The selection, attraction and cultivation of outstanding operator human capital has already became a long – term strategic duty which concerns the survival and development. In order to win the competition, we need to research how to measure the value of operator human capital.

In the study on the measurement of operator human capital value, on one hand, we pay attention to the general characters of the operator human capital and the general human capital, on the other hand, we must recognize the particularity of the operator human capital. Based on survey data, the author make an empirical research.

Based on the understanding about operator human capital, the author believe that the key elements, which affecting the value of operator human capital should include the storage quantity essential factor of operator human capital, the operator's individuality essential factor, as well as the organization environment essential factor. And based on it, the paper constructs the measurement model. In order to avoiding the subjective value split on value created by operators, incomplete data, and so on flaws. Therefore, this article uses the indirect non – monetary measurement method to carry on the measurement to the value of operator human capital.

After carrying on the thorough analysis to the value characteristics about operator human capital and the key influencing elements, the author constructs a value measurement model suitable for Shandong Province's operator human capital. This article first obtains the related data from the questionnaire, uses the factor analytic method to determine the 14 factors: operator work experience factor, operator healthy factor, operator education level factor, operator innovation ability factor, operator market strain capacity factor, operator leadership factor, operator strategic decision ability factor, operator individual charm factor, operator mood quality factor, operator responsibility quality factor, operator occupational ethics quality factor, operator authority factor, enterprise cooperation factor, enterprise size factor to explain the operator human capital value of Shandong Province, and the quantitative relations between these factors and its constitution target, then determines the contribution weight of these factors to the operator human capital value through the hierarchy analysis, thus constructs the value measurement model suitable for the operator human capital of Shandong Province.

This article, for the first time in the domestic related research, puts forward systematically that the operator human capital value should be measured from three dimensions – operator's human capital storage quantity, operator's individuality as well as the organization environment. In addition, this article constructs the value measurement model suitable for Shandong Province 's operator human capital through the investigation and study, which has positive innovation significance in promoting the research development of operator human capital value measurement at home and even overseas.

Key words: Operators human capital; key affecting elements; Factorial analyze; Measurement Model

第1章 引 言

1.1 问题的提出

多年来，物质资本一直被认为是价值创造的核心要素，并且物质资本的稀缺性和可获利性使其成为一种必须有偿使用的经济资源，物质资本雇佣劳动、物质资本所有者分享企业收益的理念也一直处于绝对统治地位。然而，新经济增长理论证实，人力资本质量的提高，对一个国家或地区经济增长的贡献比物质资本和人口数量增加的贡献更多，科学技术和人力资本在生产力中的作用份额日益增大。联合国开发计划署《1996 年度人力资源开发报告》指出，一个国家国民生产总值的 3/4 是靠人力资源，1/4 是靠资本资源。诺贝尔经济学奖得主、美国经济学家舒尔茨对经济增长中人力资本作用的研究认为，人力资本是现代经济增长的主要动力和决定性要素，并通过计算发现 1950—1957 年美国人力资本投资收益比物质资本投资所产生的收益要大得多。他指出：同期美国物质资本投资额增加了 45 倍，物质资本的收益值增加了 35 倍，而人力资本的投资额仅增加了 35 倍，但其带来的收益则增加了 175 倍，大大地超过了物质资本投资的收益。可见，科学技术和人力资本正以巨大的威力和人们难以想象的速度影响着人类社会和经济的发展。

进入 21 世纪，知识经济蓬勃发展，经济全球化趋势加快发展，现代科学技术突飞猛进，产业结构调整步伐加快，国际竞争日趋激烈。在以知识为基础，以现代科学技术为核心的新经济形势下，人力资本已经成为制约一个国家经济和社会发展的最重要的战略要素。学习、应用、创造知识、获取信息的能力与效率，将成为决定一个国家综合国力水平的重要标志。美国著名经济学家舒尔茨在1960年的美国经济学年会上做题为《人力资本投资》的演讲中指出："人类的未来并不完全取决于空间、能源和耕地，而是更多地依靠人类智慧的开发"；英国前首相布莱尔说，在现代经济中，知识、技能和技术培训备受重视，政府必须对劳动者的教育和技能投资；澳大利亚的政府官员反复强调，人才对于发展知识经济非常重要，人才有利于提升澳大利亚的智力资源水准，最大限度地实现创新依靠的就是人才。因此，21世纪人力资本的价值将得到全面而空前的提升。

在各类人力资本中，经营者人力资本是决定企业发展、社会进步的最关键因素。经营者人力资本不仅其自身能够创造价值，而且是其他类型人力资本价值发挥的必要保障。由于经营者人力资本对经济、社会的发展具有举足轻重的作用，进入21世纪，一场没有硝烟的全球人才争夺大战已经愈演愈烈。伴随着当今世界经济全球化趋势的加快发展，现代科学技术的突飞猛进，产业结构的巨大调整，使经营者人力资本越来越成为各国、各企业所追逐的对象。选拔、吸引、培育优秀的经营者人力资本，已经成为国家和企业一项长期的、关乎生存与发展的战略性任务。

为了有效提升经营者人力资本的价值及对经营者实施合理的激励，需要明确经营者人力资本价值的决定要素及对经营者人力资本价值进行正确的计量。本选题基于这一背景而展开相关研究。

1.2 研究意义

历史经验表明，人力资本在推动经济的发展过程中发挥着越来越重要的作用，对人力资本进行计量是对人力资本进行投资、激励等方面的基础，是符合我国现阶段生产力的发展要求，也是提升我国企业竞争力的必然选择。

1.2.1　理论意义

本书研究的理论意义主要体现在以下两点。

（1）从经营者人力资本存量、经营者个性特征及组织环境三个维度对经营者的人力资本价值进行计量，这在国内的相关研究中尚属首次，因此，本文的研究丰富了人力资本理论的内容。

（2）目前我国有关经营者人力资本价值评估、计量的模型十分有限，这严重制约了我国经营者人力资本的投资、定价及产权激励等领域的发展，本文通过实证研究构建了经营者人力资本价值计量模型，丰富了经营者人力资本价值计量的研究成果，有利于推动人力资本投资等相关领域的发展。

1.2.2　现实意义

本书研究的现实意义主要体现在以下两点。

（1）为获得经营者人力资本投资效益的最大化，企业首要解决的问题是明确影响人力资本价值的要素，以及不同要素对经营者人力资本的效用。本文所进行的人力资本价值要素的分析，有助于指导企业以及经营者有效提升人力资本价值。

（2）具有较高人力资本的经营者是企业竞争优势的主要来源。著名的投资者巴菲特曾认为，投资于一家公司的实质就是投资于公司的董事长。然而，如果具有较高人力资本的经营者不能够被有效激励，那么，企业的发展就会遇到阻碍。对经营者人力资本的价值进行计量研究，可为经营者的薪酬、定价及经营者的产权配置等激励措施的制定提供定量的指标，这有助于经营者人力资本的产权流动及经营者人力资本的合理激励，确保企业的可持续发展。

1.3　研究框架和研究方法

1.3.1　研究框架

本书是在人力资本理论（人力资本投资、人力资本定价及人力资本产权）、无形资产理论及委托—代理理论基础上对经营者人力资本价值计量展开的研究。本文首先分析了经营者人力资本的特征，明确了经营者人力资本价值计量的要求；然后，从经营者的人力资本存量、经营者的个性及组织环境三个维度分析了经营者的人力资本价值的影响因素，并依据这三个维度确定了经营者人力资本价值计量的指标体系；接着，通过调查研究获得数据，采用因子分析等方法构建经营者人力资本价值计量模型，并对模型进行检验；最后，通过前文对经营者人力资本价值影响要素的分析和对经营者人力资本价值计量模型的确定，有针对性地提出从完善相关市场环境、发展人力资本理论下的企业治理结构、探寻合理的经营者人力资本结构，以及完善经营者人力资本的激励与监督机制四个方面提出提升经营者人力资本价值的策略。

1.3.2　研究方法

本书采用的研究方法主要是规范分析法和实证分析法。

（1）规范分析法。规范分析法（Normative Analysis）是依据一定的价值判断标准，通过分析与推理，研究事物应该怎样、不应该怎样。本文对经营者人力资本的界定、经营者人力资本的内涵、经营者人力资本价值的影响因素、经营者人力资本的特征等进行研究，采用的是规范分析法，从而系统地提出从经营者的人力资本存量、经营者的个性以及组织环境三个维度对经营者的人力资本价值进行计量。具体研究框架如图 1-1 所示。

（2）实证分析法。实证分析法（Positive Analysis）则是通过对事例的经验性归纳和分类整理，回答事物是什么、具有哪些特点、会发生什么样的变化及变化的结果等有关规律性的结论。本文采用实证分析的内容主要体现在：通过问卷调查获得相关数据，采用因子分析确定进行经营者人力资本价值计量的指标，然后通过专家调查（改进标度的层次分析法等）确定这些指标与经营者人力资本价值之间的定量关系及它们之间的相关关系，建立经营者人力资本价值计量模型，并对模型的信度和效度进行检验。

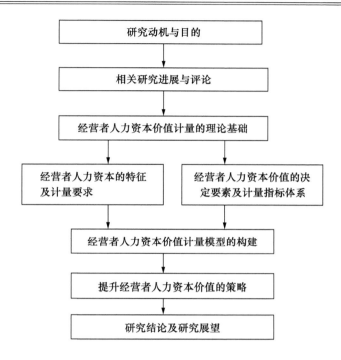

图 1-1 经营者人力资本价值计量研究框架示意图

1.4 内容结构体系

本书共分为 7 章，具体内容如下所述。

第 1 章为引言。本章通过分析经营者人力资本价值计量的必要性入手，论述了本文的研究目的、意义。列出了本书的研究框架、研究方法和研究内容，并对本书的创新之处和不足之处进行了说明。

第 2 章为相关研究进展与评论。本章对经营者人力资本价值计量的研究进展进行了文献综述，并对主要研究观点和方法进行了评述。

第 3 章为人力资本价值计量的理论基础。本章以人力资本理论（人力资本投资、人力资本定价、人力资本产权）、无形资产理论和委托—代理理论三种理论为基础分析了经营者人力资本价值计量的理论依据。经营者人力资本既是人力资本理论所研究的内容，又是企业的一种重要无形资产，对经营者人力资本价值进行计量，不仅有助于实现对经营者人力资本的投资、经营者人力资本的定价及经营者人力资本产权的分配，还有助于会计上对经营者人力资本价值的确认，完善企业的资本结构。通过对经营者的人力资本价值进行合理的计量，在股份制公司中，股东可以按照经营者的价值量制定相应的薪酬、激励措施，发挥委托—代理体制的最大效用。

第 4 章是对经营者人力资本特征及其价值决定要素的分析。经营者人力资本是企业中最具价值的人力资本。它的价值不仅体现在为企业创造超额收益，还体现在它是其他类型人力资本创造价值的关键。认识经营者人力资本的特征，确定影响经营者人力资本价值的要素是我们进行经营者人力资本价值计量的前提。

通过对经营者人力资本特征的分析，笔者认为经营者人力资本具有异质性、隐蔽性、团队性、能动性及价值发挥的"多元性"等特征，在计量方法上要求采用产出法计量、间接性计量、团队计量、动态计量等。经营者人力资本价值计量不仅应当包括对经营者所创造效益的确认，还应当能够较全面地反映经营者人力资本价值的潜在创造力，以对经营者实现有效激励和合理定价。在经营者人力资本价值计量上，在考虑采用货币方法对经营者人力资本进行价值计量的同时，更需要考虑采用间接性的非货币计量方法对经营者的人力资本价值进行计量。基于对经营者人力资本特征的分析，本章在对经营者人力资本价值计量研究中，一方面关注经营者人力资本与一般人力资本的共性，另一方面特别关注经营者人力资本的特殊性，在掌握人力资本共性和把握经营者人力资本特性的基础上，对影响经营者人力资本价值的因素进行分析，并给出了经营者人力资本价值计量指标体系。笔者认为影响经营者人力资本价值的要素包括经营者人力资本存量、经营者特性及组织环境三个关键要素。

第 5 章为经营者人力资本价值计量模型的构建。在综合考虑经营者的人力资本存量、经营者的个性及组织环境这三方因素的基础上，本章通过构建经营者人力资本价值计量指标体系，采取样本调查的方法，通过调查问卷的发放获得相关数据，采用因子分析法确定进行经营者人力资本价值计量的指标，然后通过专家调查（改进标度的层次分析法等），确定这些指标与经营者人力资本价值之间的定量关系及它们之间的相关关系，建立经营者人力资本价值计量模型，并对模型的信度和效度进行检验。结果表明，本文构建的模型能够比较真实地反映经营者人力资本的价值。

第 6 章为提升经营者人力资本价值的策略。经营者人力资本是提升企业竞争力、增强国家综合国力的重要财富。为实现经营者人力资本价值的增值，本章通过前文对经营者人力资本价值影响要素的分析和对经营者人力资本价值计量模型的确定，有针对性地提出从完善相关市场环境、发展人力资本理论下的企业治理结构、探寻合理的经营者人力资本结构，以及完善经营者人力资本的激励与监督机制四个方面提出提升经营者人力资本价值的策略。

第 7 章总结了全书的主要研究结论，并在归纳总结研究结论的基础上提出了研究展望。

1.5 创新点及需要进一步解决的问题

1.5.1 创新之处

（1）系统地提出从经营者的人力资本存量、经营者的个性及组织环境三个维度对经营者的人力资本价值进行计量的观点，并且从这三个维度确定了经营者人力资本价值计量的指标体系，这在经营者人力资本价值计量指标确定方面属于创新。

（2）采用样本调查的方法，通过问卷调查获得相关数据，构建经营者人力资本价值计量模型，在模型的构建上属于创新。

但由于作者能力和客观条件的限制，本书的研究还有很多不完善的地方，包括以下几个方面存在的问题需要进一步展开进行深入研究。

1.5.2 需要深入研究的问题

（1）经营者人力资本价值计量假设条件的研究。在本书所构建的经营者人力资本价值计量模型中，存在一些隐含的假设条件，如完全理性的经济主体及完全信息的决策环境等。然而由于市场信息不对称、个人的有限理性等原因，现实情况与假设相去甚远。因此如何修正假设，使理论与现实更加接近是一个重要的研究方向。

（2）经营者人力资本价值的货币性计量。本书通过研究构建的模型属于非货币性计量模型，实现的功能是对经营者人力资本的相对价值计量。虽然它同样是对经营者人力资本进行投资、产权激励、定价的衡量标准，但在表现形式上不如货币性计量清晰，并且在将这种相对价值换算成货币性的绝对价值时还存在一个换算标准问题。所以，如何将这种相对的价值量和绝对的货币量联系起来，实现对经营者人力资本价值的货币性计量也是今后需要探索研究的方向。

第 2 章　国内外研究现状

人力资本价值计量是人力资本理论研究的核心问题。经营者人力资本是高层次的人力资本，对经营者人力资本的研究是人力资本理论研究的深化。在经营者人力资本价值计量研究中，一方面要吸收先前的有关人力资本理论的宝贵研究成果，另一方面要关注经营者人力资本的特殊性，在掌握人力资本共性和把握经营者人力资本特性的基础上实现对经营者人力资本的合理计量。基于此，本文在追踪传统人力资本价值计量的基础上，对人力资本价值评价研究的最新进展进行了综述。

2.1　人力资本价值计量的传统方法

2.1.1　货币性计量方法

对人力资本价值进行计量的货币计量方法主要包括成本法、未来工资报酬折现法、经济价值法等。

采用成本法的思路首先是将人力资本投资成本划分为取得成本、开发成本、使用成本、保障成本、离职成本等。

其中：取得成本可以看成是企业在招募、录取和安置员工的过程中发生的投资成本；开发成本是企业为形成和提高员工的工作技能，对员工进行的岗前、岗上和脱岗培训而发生的投资成本；使用成本是企业在使用劳动力过程中，为保证其正常发挥作用，而进行激励、调剂生活等发生的投资成本；保障成本是企业为保障员工在暂时和永远丧失劳动能力时的生存权而发生的医疗保健、养老等社会保障投资成本；离职成本是企业在职工脱离企业时，一次性支付给员工的费用成本。

将上述企业成本投资项目加以计量并确认之后，可得企业人力资本投资成本额，以此作为企业人力资本评估价值。

成本法可以用来衡量经营者人力资本的价值，这种方法的优点是容易获得客观的数据，便于计量。但是这种方法的缺点也非常明显。经营者人力资本属于企业的重要无形资产，它的特点是能够带来比物质资本、比自身投入大得多的产出。在知识经济时代，经营者人力资本这种稀缺资源显得尤为重要，它已逐渐成为企业兴衰成败的根本所在。因此，本文认为用人力资本的投资成本作为人力资本价值的思想并不合适，在计算机技术及计量科学日益发达的今天，用产出衡量人力资本的价值已经变得可行，在人力资本价值计量方法的选择上，我们应当摒弃将人力资本的投资成本作为人力资本价值的方法。

未来工资报酬折现法模型是美国学者巴鲁克·列夫（Baruch Lev）和阿巴·舒尔茨（Aba Schwartz）于1971年在《会计评论》（Accounting Review）杂志上所发表的题为《论人力资本的经济概念在财务报表中的应用》（On the Use of Economic Concept of Human Capital in Financial Statements：A Comment）的文章中提出。

这种方法是以工资报酬为基础的计量方法。该方法将职工从被聘用到退休（离职）为止的全部工资报酬，按一定的折现率折现，作为人力资本的价值。其计算公式：

$$V = \sum_{t=n}^{T} \frac{I_t}{(1 + r)^{t-n}}$$

式中，V—年龄为 n 的职工的人力资本价值；I_t—该职工第 t 年的预计工资收入；t—该职工未来工作年限；r—适用于该职工的收益贴现率；T—职工退休（离职）年龄。

采用此方法对经营者的人力资本价值进行计量的优点是将工资报酬作为人力资本所产出的收益，这种思想较成本法有了很大的进步，并且此种方法同时考虑了经营者为企业工作的年限问题，这种方法相对来说数据容易获得，并且获得的数据会具备较高的客观性，因此具有一定的可行性。但问题还是在于经营者人力资本的产出价值不同于其工资报酬，经营者人力资本的价值不仅在于它本身能够创造价值，而且在于它能够促进其他类型人力资本价值的创造。也就是说，经营者人力资本的价值原则上要远大于他所获得的工资报酬。此外，目前我国部分经营者往往还会具有一些岗位之外的额外收入，对这部分收入进行测算是比较困难的。

经济价值法（Economic Value Method）认为，人力资本的价值就在于其能够提供未来的收益，因此，应将人力资本未来各期的盈余折算为现值，然后按照人力资本投资占全部投资总额的比例，将企业未来收益中人力资本投资获得的收益部分作为人力资本的价值。

从理论上讲，人力资本的价值就在于他能够获得收益，采用经济价值法对经营者人力资本价值进行计量比较能够体现经营者人力资本的价值。但采用这种方法的难点在于如何确定经营者所创造的利润分成，由于经营者隐性知识、企业协作等问题的存在，目前还没有有效的方法对经营者所创造的利润进行合理的分成，因此，这种方法在使用上受到了一定的限制。此外，段兴民、张志宏等人还认为，此方法的不足在于按照人力资本投资占全部投资总额的比例进行分配，将人力资本与物质资本等同，歪曲了生产资料和劳动力两者在价值形成中的不同功能，并且此种方法也未能反映人力资本的交换价值——工资，因此，这种方法也低估了人力资本的价值。[①]

2.1.2　非货币性计量方法

由于人力资本的异质性，个体先天素质的差异性及很难确定人力资本的利润分成等原因，目前完全采用货币方法对人力资本的价值进行计量会遇到很多的困难，而非货币计量法可以弥补货币计量法的不足。正如弗兰霍尔茨所认为的，非货币性计量方法之所以必要，一是因为非货币性计量有时比货币性计量更恰当；二是因为在无法用货币性计量时，非货币计量可以用来代替货币性计量。[②] 对人力资本价值的非货币计量的典型的方法有学历指数法、技术等级或职称等级

---

①　段兴民，张志宏等. 中国人力资本定价研究. 西安：西安交通大学出版社，2005：67 - 99.

②　段兴民，张志宏等. 中国人力资本定价研究. 西安：西安交通大学出版社，2005：78.

法等。①

学历指数法的计量方法是将学历指数作为权数进行加权求和，计算公式为：

$$Hi = \sum_{i=1}^{6} HEij \times wi$$

其中，Hi 为人力资本存量，$HEij$ 为第 i 学历水平的劳动力数量；wi 为学历指数。$i = 1$，2，3，4，5，6，7 分别表示文盲、半文盲、小学、初中、高中、大专、本科及以上。

职称等级法则是按照劳动者的技术等级或职称加权。

经营者人力资本的内容不仅要包括经营者的学历、职称，同时还要包括经营者的工作经验、经营者各种技能（特别是战略决策能力），经营者人力资本的价值不仅要受经营者人力资本存量大小的影响，还要受经营者的个性、经营者所在的组织环境的影响，因此单使用此种方法计量经营者的人力资本价值显然是不合适的。

2.2 经营者人力资本价值计量研究的新进展

2.2.1 关于计量方法的创新

2.2.1.1 实物期权法

实物期权法的思想来源于金融期权，是金融期权理论对实物（非金融）资产期权的延伸。期权是一种金融衍生品，它是一个通过对资产未来价值的预期来管理金融资产价格变动风险的工具，分为看涨期权和看跌期权。看涨期权是所有者根据事先确定的行权价格在未来到期之前购买特定资产的权利；看跌期权是持有者在到期之前按照事先确定的价格出售特定资产的权利。

在人力资本中往往存在多项可供选择的内容，拥有了人力资本也就拥有了选择的权力，企业可以根据目前及将来出现的各种状态来选择使用人力资本的这些

① 王金营．人力资本与经济增长——理论与实证．北京：中国财政经济出版社，2001.

内容。比如公司的一名管理学专家可以负责销售部门的日常工作，也可以胜任管理大型软件的设计工作，此时，公司有权对该人力资本的使用进行选择。这种选择权对企业来讲实际上是一种期权，公司可以执行从而使该项人力资本获得更大的经济效益，也可以不执行，这时候公司收益的增加值为零。合理地衡量人力资本中的选择价值，无疑有助于企业充分开发使用人力资本，提高人力资本的管理效率。

一个金融期权给予投资者一种权利，在某段特定时间内支付一个事先确定的执行价格而得到一种特定的资产；一个拥有人力资本的企业同样有这样一种权利，在现在或者将来支付一定的费用得到人力资本的使用权。从金融期权向实物期权转化需要一种思维方式，就是要把金融市场的规则引入企业的实物决策中，并构造实物期权。鉴于企业拥有的人力资本与金融期权的相似性，可以构造一个相应的实物期权，即人力资本相当于金融期权的标的物，人力资本的支出成本相当于期权的使用价格，人力资本的使用时间相当于期权距到期日的时间，人力资本价值的不确定性相当于期权中的衍生品的风险，这样我们就可以在期权的计量模型基础上对人力资本群体价值进行计量。

实物期权的定价方法和金融期权的定价方法一致，使用布莱克－斯克尔斯（Black—Scholes）公式：

$$V = N(d_1)A - N(d_2)X_e^{-rT}$$

$$d_1 [Ln(A/X) + (r + 0.5\delta)^2] / \delta \sqrt{T}$$

$$d_2 = d_1 - \delta \sqrt{T}$$

式中：V = 期权的当前价值；$N(d)$ = 正态分布在 d 处的值；A = 标的资产的当前价值；X = 投资成本；r = 无风险收益率；T = 到期时间；δ = 标的资产的波动率。

在此方法的运用上，一些研究者都已经进行过尝试，如我国研究者杜兴强、黄良文认为企业家人力资本是企业价值的关键驱动因素，在对传统的企业家人力资本计量模型进行综评的基础上，提出计量企业家人力资本的期权综合模型方法，即先按照期权模型计量出企业家人力资本的内在价值，再按照模糊计量来衡量企业家人力资本价值发挥的效率，按照综合评价指标体系衡量企业家人力资本的业绩调整系数——"乘数"，借以相对较为完善地衡量企业家人力资本的实际价值。①

佟爱琴、金晶等在传统的人力资本价值计量模式的基础上，构建基于股票期权的人力资本价值计量模式，以致力于企业的制度创新，包括企业的产权制度创新、分配制度创新和会计制度创新。②

彭斌、韩玉启运用期权定价思想以及灰色评测方法，建立了一种计量技术管理型人力资本的新模型，并结合实例说明了该模型有效可行。③

2.2.1.2　模糊计量方法

一些研究者如宋之杰、赵之友使用模糊计量方法对个体人力资本价值进行评估。采用这种方法首先确定影响因素，包括个人因素和组织因素。个人因素包括员工个人的文化水平、技术能力、人际关系、性格以及家庭因素等，都是影响人力资源价值的内在要素。组织因素包括企业的组织结构、领导作风、文化氛围以及对人力资源的重视程度等，也都直接影响人力资源的价值。④

人力资本价值模糊计量包括如下步骤。一是要素分解，即确定人力资源价值模糊表现方面需要测评的特征要素。人力资本的个体价值主要通过人的生产能力、晋升能力和可调换能力等方面来评定，人力资本群体价值则主要通过管理方式、组织结构和组织气氛等管理行为来评定。二是权数确定，由于各特征要素的重要性不同，应根据其对人力资本价值影响的大小来确定其加权系数，可通过专家打分法来确定。三是评定计分，即由考评人员对测评对象的各要素进行评定计分。四是分值计算，即对考评人员的评定结果进行登记分配率统计，并运用模糊矩阵运算计算出分值。五是隶属度的确定，即根据计算的分值，确定对象的隶属度。

此外，徐细雄、万迪昉从职业经理价值创造视角出发，分析了其人力资本运

---

① 杜兴强，黄良文. 企业家人力资本计量模型探讨 [J]. 中国工业经济，2003（8）：84 - 91.

② 佟爱琴，金晶，杨柳. 人力资本价值计量及其企业制度创新 [J]. 科学管理研究，2006，24（6）：86 - 90.

③ 彭斌，韩玉启. 基于期权的技术型人力资本灰色计量模型 [J]. 科学学与科学技术管理，2005（3）：130 - 133.

④ 宋之杰，赵之友. 人力资源价值模糊计量方法研究 [J]. 河北经贸大学学报，2003（2）：78 - 81.

动链，并基于此构建了职业经理人力资本价值测度的指标体系，提出了修正的职业经理人力资本价值模糊评价模型，最后对该模型的应用进行了实例分析。①

2.2.1.3　EVA——经济增加值方法

由 Stern 和 Stewart 创立的 EVA 方法，因为特别强调资本成本，能够比较准确地反映公司在一定时期内创造的价值而深受许多企业的青睐。可口可乐、AT&T、斯普林特等国外公司如美国公司从 20 世纪 80 年代中期开始尝试将经济增加值作为衡量业绩的指标引入公司的内部管理之中。如今，一些国内公司，如中国建设银行股份有限公司等也纷纷引入 EVA 指标作为他们的业绩衡量指标。

EVA 的计算公式：

$$EVA = NOPAT - WACC \times C$$

式中，NOPAT = 税后净利润；WACC = 加权平均资本成本；C = 资本总额。

在此方法的运用上，我国研究者段兴民、张志宏等人以公司价值管理的绩效评价指标 EVA 为核心，构建了总体人力资本的动态价值、分割价值系列模型，通过平衡计分卡（BSC）系统，结合层次分析法（AHP），计算出人力资本个体的综合相对价值。

他们认为资本的特性在于其增值能力，因为人力资本在企业缴纳所得税之前已经获得了基本的价值补偿，而在计算 EVA 时，物质资本也已经获得了补偿，所以，EVA 是物质资本与人力资本共同创造的超额价值。以会计年度为周期的有关当其价值如下：

从企业角度看，人力资本动态价值（HCDV）= f（EVA）；从人力资本自身收益和财富创造能力来看，人力资本全部价值（HCTV）= 人力资本补偿价值 + f（EVA）

在平衡计分卡（BSC）系统运用上，BSC 可以从财务、客户、内部流程、学习与创新四个领域全面评价公司的表现，BSC 的运用突破了单纯的财务指标，能将财务评价与公司发展的价值驱动有机结合。建立 BSC 的核心是识别关键成功因素（CSF）和关键绩效指标（KPI），在战略管理的基础上，依次建立公司层、部门层和关键活动的 BSC，每一层次 BSC 在以上四个领域都有与其层次、部门或

---

① 徐细雄，万迪昉. 职业经理人力资本价值评估模型［J］. 统计与决策，2006（12）：158 – 160.

关键活动相应的 CSF（定性为主）及 CSF 所包含的 KPI（定量为主）。这种以目标管理（MBO）为指导而建立的 BSC 系统既是战略执行的有效工具，又是对一定期间部门、团队和个人绩效评价的依据。

为了对人力资本总体分割价值在不同个体人力资本之间分配，通过 BSC 绩效测评系统测定人力资本个体的综合相对价值，运用层次分析法分别确定不同部门的相对价值，不同管理层次的相对价值，技术、管理、技能、简易型人力资本的相对价值，最后用"乘积法"确定人力资本综合相对价值。

但 EVA 的应用目前还存在一些问题，比如其具体计算目前还缺乏比较规范的流程，如何计算 EVA 目前国内还缺乏经验。由于 EVA 在实际操作过程中涉及多项调整事项，而每一项调整都要基于企业的实际情况，因此，在计算方法和计算效率上都需要有效的突破。

2.2.2　人力资本价值计量指标的创新发展

从研究者们对人力资本价值计量指标的选择看，人力资本价值计量的指标选择经历了从利润指标向价值指标（经济增加值等），从单一指标向综合指标，从重视财务指标到重视关键绩效指标的演变过程。

随着人们对人力资本认识的不断深入，人们不断认识到人力资本是人所具有的知识、技能与人们所能贡献的精力、活力的聚合，有许多因素能影响人力资本投资的收益，包括组织结构、企业文化、管理哲学、管理程序、信息系统等。同样人力资本的收益不但表现在企业绩效中，也表现在企业文化建设等方面。因此，单纯用企业利润指标难以完全有效表现人力资本的收益，如 Nancy 等提出用主要绩效指标（KPI）来衡量人力资本的产出。[①]

基于此，一些学者试图寻求采用一定的方法，开发一些系统对人力资本进行评估或评价，如国外的 LeBlanc et al.（2000），Becker et al（2001），William A. Schiemann et al.（2006），以及我国的吴东、张徽燕（2005）等人。Schiemann et al.（如图 2 - 1 所示）提出用配合度（Alignment）、能力度（Capabilities）和贡

---

① Nancy R. Lockwood, SPHR, GPHR, M. A.. Maximizing Human Capital: Demonstrating HR Value With Key Performance Indicators [J]. HR Magazine, 2006, 51（9）: 1 – 10.

献度（Engagement）的 ACE 模型对企业的人力资本进行衡量。① 当五种驱动因素（人力资源系统、技术系统、创新、组织结构、区别于其他竞争对手的战略因素）和使动因素（一个有效的监督者或管理者，一个清晰明确的战略等）被有效管理时，配合度、能力度和贡献度就必然会增加，人力资本绩效和企业绩效就会提高。

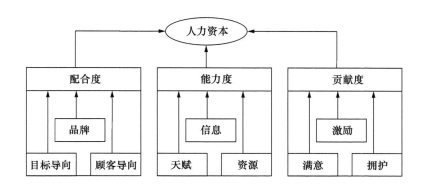

图 2-1　ACE 模型

在人力资本价值计量的实证研究方面，为了研究高层管理者的高额报酬是不是因为其人力资本所获得的回报，Combs and Skill 检测了从 1978 年 1 月到 1994 年 12 月 77 位主要高管的去世对公司股价的影响。在这个问题上有两个理论可以解释，一个解释是管理主义理论。根据这个解释，高管的权力可以让他们控制公司的薪酬程序，选择利于自身的方式而不是股东价值最优的方式。另一个解释是人力资本理论。人力资本理论将额外报酬认为是对独特的和有价值的管理技能及经验等产生企业竞争优势的报酬。②

研究发现，结果是偶然的。在额外奖励和高管权力都增加的时候，股票收益会增加；当额外奖励和治理力度都增加的时候，股价却会下跌。通过研究，两种

① William A. Schiemann, Metrus Group, Inc. People Equity: A New Paradigm for Measuring and Managing Human Capital [J]. Human Resource Planning, 2006, 29 (1): 34 - 44.

② Combs, J. G. and Skill, M. S. Managerialist and Human Capital Explanations for Key Executive Pay Premiums [J]. Academy of Management Journal, 2003, 46 (1): 63 - 73.

理论似乎都得到了支持：一方面，当高管具有相当的权力时，股东要承受额外支出的损失；另一方面，在公司具有高的治理水平的时候，额外奖励是对人力资本的回报。

罗瑾琏、何昊根据问卷调查的结果，运用因子分析的方法进行分析，从 29 个评价经营者人力资本价值的原始变量中提取了 10 个因子，并采用主因素分析法给这 10 个因子赋权重，从而得到经营者人力资本价值评价函数。①

姚艳虹、张小伟采用定性与定量研究的方法，通过对湖南、湖北两省 100 家企业进行问卷调查统计分析构建以贡献、能力、基本素质为核心指标的管理型人力资本价值评估指标体系，在此基础上，采用多层次模糊综合评价法对管理型人力资本价值进行定量评估。②

2.3　小　结

本章对经营者人力资本价值计量的研究进展进行了文献综述。结果显示，在舒尔茨明确提出人力资本概念后，人力资本的价值计量研究得到了长足的发展。许多研究者如罗默、巴鲁克、霍曼逊，以及我国的段兴民、张志宏等人，从不同的角度（宏观和微观、货币和非货币、投入和产出等）提出人力资本的价值计量的方法或模型。

在早期的人力资本价值计量中，用人力资本的投资成本当作人力资本的价值，很显然这种方法是不可取的。人力资本作为一种无形资产，它的价值在于能够获得比其投入多得多的收益。人们逐渐认识到，用人力资本的产出来衡量人力资本价值是一种比较科学合理的方法，未来工资报酬折现法、未来净产值折现法等方法是用产出来衡量人力资本价值的典型体现。在随后的研究中，研究者们一方面对未来工资报酬折现法、未来净产值折现法等方法进行修正，在模型中增加

① 罗瑾琏，何昊. 经营者人力资本价值评价要素的实证分析 [J]. 人类工效学，2002（3）：22 - 24.

② 姚艳虹，张小伟. 管理型人力资本价值评估指标体系构建及其应用 [J]. 系统工程，2004（12）：44 - 49.

更多的相关变量，使模型更加完善；同时积极探索人力资本价值计量的途径，提出了许多创新性的思想，创立了更多符合人力资本特征的计量模型。这集中表现在内部竞争法、期权法、模糊计量方法及 EVA 等计量方法的运用上。此外，由于人力资本形成因素的复杂性和表现特征的多样性，人力资本价值计量的非货币方法的运用弥补了人力资本价值货币计量方法的不足，两种方法相得益彰，共同推动了人力资本理论研究的发展。

在经营者人力资本价值计量的方法上，虽然有关人力资本的新的计量模式不断涌现，但是像模糊计量法、灰色计量法等新方法的研究，无论是在理论研究还是在实证研究方面，还都存在许多不完善的地方，这值得进一步探索研究。

最后，在经营者人力资本价值计量的实证研究方面，一些研究者对经营者人力资本价值计量进行了尝试，总体来说，在此领域的研究尚处于起步阶段，国内外关于经营者人力资本价值计量相关的实证研究较少，在国内有影响力的研究更显得不足。这可能是因为实证中需要的数据不容易获得，相关数据的缺少导致实证研究的困难。

第3章 人力资本价值计量的理论与方法论基础

3.1 人力资本理论

人力资本理论是人力资本价值计量的基础。本章主要对人力资本理论的相关内容进行分析论述，包括人力资本的投资、人力资本的定价及人力资本的产权理论。其中，着重阐述西奥多·W. 舒尔茨（Theodore Schultz）、加里·贝克尔（Gary S. Becker）、罗伯特·卢卡斯（Robert Lucas）的思想理论及当代人力资本的理论动向。在厘清人力资本理论研究主线演变的同时，对相关人力资本理论进行一些较为深入的分析和述评，以对后面的人力资本价值计量研究提供坚实的理论基础。

3.1.1 人力资本投资

人力资本理论的兴起，最初是围绕人力资本投资问题所展开的。虽然人力资本理论的系统提出是在1960年，西奥多·W. 舒尔茨发表了题为《论人力资本投资》的演讲，距今不到50年，但有关人力资本的思想和观点早在18世纪就开始不断迸发出智慧的光芒。这些早期研究中所形成的有关人力资本的思想和观点，为现代人力资本理论的形成与发展提供了丰富的思想渊源。

在18世纪，如亚当·斯密在其经济学著作《国民财富的性质及原因》中就比较明确地提出人力资本的概念，他提出，一个国家全体居民的所有后天获得的有用能力都是资本的重要组成部分。①

此后，从 19 世纪七八十年代到 20 世纪三四十年代，伴随着以资源最优配置为核心的微观经济分析或市场价格理论日益形成公理化的严谨科学体系人力资本研究开始有了长足的发展。

在这一时期，杜布林（Dublin）和洛特卡（Lotka）、瓦尔拉（Walras）、阿弗里德·马歇尔（Alfred Marshall）、欧文·费雪（Iiving Fisher）等人分别对人力资本理论的形成做出了巨大贡献。

其中杜布林和洛特卡由于他们都从事过人寿保险业务，所以非常关注人的价值的计算问题，他们从保险精度的角度考察人的经济价值，并采用将预期收入资本化的方法（用一个人在特定年龄上的预期净收入的贴现总和来表示其所具有的经济价值）提出了关于人的经济价值计算公式；费雪认为资本指的是某一时点上的财富的存量，而收入则是指存在于某一时期中的财富的服务的流量。根据这样的解释，它将人力等一切存量财富或生产要素都归属到资本名下。并且他还建议采用将净收入资本化的方法来估计人力资本的价值。但在这一时期，学者们在计算人的生产成本时，基本上是将维持正常生活的日常消费的费用也计算在内。②

阿弗里德·马歇尔明确指出，所有资本中最有价值的是对人本身的投资。除马歇尔外，其他学者都很少涉及人力资本投资的问题。马歇尔强调人力资本投资的长期性和家族、政府的作用，并且将"替代原理"用于说明对人力资本和物质资本投资的选择（人力与机器的替代）等方面。马歇尔认真地研究教育的经济价值，主张把"教育作为国家投资"，教育投资可以带来巨额利润。但他又认为人是不可买卖的，因而拒绝"人力资本"这一概念。此外，他还在《经济学原理》中对人的能力作为一类资本的经济意义提出了新的认识。他将人的能力分为"通用能力"（General Ability）和"特殊能力"（Specialized Ability）两种。前者指上述的决策能力、责任力、通用的知识与智力，后者指劳动者的体力与熟练程度。

① ［英］亚当·斯密．论国民财富的性质及其原因的研究［M］．北京：商务印书馆，1981：257.
② 张凤林．人力资本理论及其应用研究［M］．北京：商务印书馆，2006（4）：1－58.

在随后的 20 世纪中后期，美国等国家关于增长核算的结果表明，按照传统的计量方法，人均收入的增长率大大高于人均资本的增长率。换言之，总收入增长率大大高于资本与劳动等要素投入的增长率之和，这便形成了所谓增长的"余差"。虽然一些学者试图用"技术进步"等因素进行解释，但脱离了人这种要素本身的效率分析都过于空泛。另外，战后西方经济理论的研究领域和研究方法都发生了重要变化，宏观经济学的兴起和经济发展理论的逐步成熟，使人们对于诸如总投资、总收入、总储蓄和总消费之类的总量关系的探讨日益深入。这种总量分析揭示出的一个重要现象是，对于不同国家和地区来说，相同的实物资本投入量会带来差别异常悬殊的收益增长。对这种差别的进一步研究，揭示了引起这些差别的主要因素是人力资源的质量存量的差异。

在这一时期，最具有代表性的研究者是西奥多·W. 舒尔茨和加里·贝克尔。舒尔茨是从探索经济增长之谜而逐步踏上研究人力资本的道路的。他认为单纯从自然资源、实物资本和劳动力的角度，并不能解释生产力提高的全部原因。从"二战"以来的统计数据表明，国民收入的增长一直比物质资本投入的增长快得多。一些在"二战"中受到重创的国家，如德国和日本，都奇迹般地发展起来。而另一些自然资源严重缺乏的国家同样能在经济起飞方面取得很大成功。舒尔茨认为，这些现象说明，我们肯定还遗漏了重要的生产要素，这个要素就是人力资本。

在 1960 年，舒尔茨发表了题为《论人力资本投资》的演讲，系统地阐述了人力资本理论，也奠定了他"人力资本之父"的地位。舒尔茨认为，人力资本（Human Capital）主要指凝结在劳动者本身的知识、技能及其所表现出来的劳动能力。在他看来，人力资本是资本的一种形态，人力资本投资指的是用于提高人的生产能力的支出，在核算投资成本时应把人的纯粹消费开支排除，并且人力资本投资的收益率远远超过了其他一切形态资本的投资收益率，是社会进步的决定性因素。

舒尔茨对人力资本理论的贡献主要集中在以下几个方面：一是系统地阐述了人力资本理论；二是以大量的研究和统计分析，论证了人力资本对经济增长的巨大贡献；三是通过对人力资本的形成途径进行研究，具体分析了人力资本的数量及人力资本投资的收益；四是阐述了人力资本投资促进个人对其资源配置能力的提高，以及人力资本投资对制度变迁、制度创新的影响。1979 年，舒尔茨也因其在人力资本理论方面的贡献而荣获了诺贝尔经济学奖。

1992 年的诺贝尔经济学奖获得者加里·贝克尔是继舒尔茨之后对人力资本理论的完善做出重要贡献的另一位经济学家。他曾和舒尔茨同在芝加哥大学任教，是人力资本理论的主要推动者。他的著作《人力资本：特别是关于教育的理论与经验分析》（1964）被西方学术界认为是"经济思想中人力资本投资革命"的起点。他强调了教育和培训对形成人力资本具有重要的作用，系统地阐释了人力资本与人力资本投资问题。为人力资本的性质、人力资本的投资行为提供了具有说服力的理论解释。

和舒尔茨相比，加里·贝克尔更加注重微观分析，注意将人力资本投资理论与收入分配相结合。他从家庭生产时间价值及分配的角度系统阐述了人力资本生产、人力资本收益分配规律和人力资本与职业选择等问题，为现代人力资本理论提供了坚实的微观基础。

在 20 世纪 80 年代以后，以"知识经济"为背景的"新经济增长理论"在西方国家兴起，在舒尔茨等人构建的人力资本理论体系基础之上，"新经济增长理论"将人力资本因素结合进严谨的经济数学模型，使能像生产函数方法分析资本和劳动要素投入的数量对经济增长的贡献那样分析人力资本，从而提出了一些以人力资本为核心的经济增长模型，进一步发展了人力资本理论。

其中，罗伯特·卢卡斯和保尔·罗默被公认为"新经济增长理论"的代表，他们构建的模型，称知识积累模型，简称 AK（Accumulation of Knowledge）模型。他们不仅将人力资本纳入模型，并且使其内生化，同时也克服了经济均衡增长取决于劳动力增长率这一外生变量的缺陷。

（1）罗默的模型。保尔·罗默在其 1986 年发表的《收益递增经济增长模型》一文中提出了罗默模型。在罗默看来知识积累是促进现代经济增长的重要因素，知识积累具有两个重要特征。一是专业知识的积累随着资本积累的增加而增加。随着资本积累的增加、生产规模的扩大、分工的细化，工人能在实践中能学到更多的专业化知识。二是知识具有"溢出效应"。随着资本积累的增加、生产规模的扩大，知识在不同的工人、企业间不断流通扩散，从而导致整个社会知识总量的增加。罗默将知识作为一个独立要素直接纳入了经济增长模型。罗默的增长模型实现了技术进步的内生化。[①] 其公式：

$$F_i = F(k_i, K, x_i)$$

模型中，F_i 为 i 厂商的产出水平；k_i 为 i 厂商生产某种产品的专业化知识；x_i 为 i 厂商其他各生产要素的向量；$K = \sum ki$，表示整个社会的知识水平总和。在这个模型中，重要的一点是由于知识的"益处效应"，对于给定的 x_i，F 是 K 的递增函数，修正了传统增长中收益递减或不变的假定，这充分解释了当代世界经济高速增长的原因。

（2）卢卡斯的人力资本累积增长模型。1995 年的诺贝尔经济学奖获得者罗伯特·卢卡斯于 1988 年在论文《论经济发展的机制》中提出了著名的人力资本模型，强调了外部溢出效应对人力资本积累的作用。他认为人力资本积累可以通过两种途径获得，一是通过脱离生产的正规、非正规学校教育；二是通过生产中边干边学、工作中的实际训练和经验积累。同时，卢卡斯还将劳动分为原始劳动和专业化人力资本，认为专业化人力资本才是经济增长的真正动力。他进一步区分了人力资本所产生的两种效应，通过正规和非正规教育形成的"内在效应"通常表现为资本等生产要素的收益递增。而"溢出效应"也来自对人力资本的投资，每一单位人力资本的增加除引起产出的增加外，还同时引起社会平均人力资本水平的提高，而社会平均人力资本水平决定社会平均的运作效率，该效率的提高又使每个企业和个人从中受益，即人力资本积累具有一定的外部性。

"新经济增长理论"在人力资本理论研究方面的主要贡献表现在其将人力资本纳入了增长模型。在 20 世纪 60 年代舒尔茨和贝克尔的人力资本理论中尽管也涉及经济增长问题，但他们没有把人力资本和教育作为内生变量，而是作为外生变量，也就不可能建立起定量模型。在罗默和卢卡斯的模型中不仅将人力资本纳入，并且使其内生化，同时也克服了经济均衡增长取决于劳动力增长率这一外生变量的缺陷。

另外，新经济增长模型从经济增长模型中阐发其人力资本理论，将对一般的技术进步和人力资源的强调变成了对特殊的知识即生产所需要的"专业化的人力资本"的强调，从而使人力资本的研究更加具体化和数量化，极大地发展了人力

①　宁先圣. 论人力资本的演进及当代进展 [J]. 社会科学，2006（3）：39 – 42.

资本理论，也使人们在实践中能正确认识人力资本在经济增长中的作用。

3.1.2　人力资本定价

人力资本产权和人力资本定价问题是人力资本理论在当代经济条件下的深化，是人力资本理论研究的前沿问题。

从一个国家发展的角度看，人力资本并非仅仅存在于企业之中，而是广泛分布在企业、政府部门和非营利性部门之中，分布在国民经济和社会生活的方方面面，关键是如何激活人力资本的创造力。

在马克思的资本理论和西方经济学的资本理论看来，价值增值是资本的基本特征。马克思主义理论认为，资本是能带来剩余价值的价值，价值增值是资本的基本特征。以舒尔茨和贝克尔等人为代表的人力资本经济学家认为，一项资产只要能够创造和带来超出自身价值以外的价值和收益，就是资本。

当代西方经济学中的价值理论来自于庞巴维克，他认为对于一件物品而言，其价值的内涵在于这件物品对物主的重要性。任何物品的价值不仅表现为其使用价值，而且也表现为它的稀缺性价值，即价值的存在是以相对稀缺性为前提的。人力资本在社会经济活动中的价值也是来源于其使用价值和稀缺性价值。资源稀缺性是一切经济问题产生的根源。在传统经济学中，经济学家普遍强调自然资源和资本的稀缺性，而很少提到人力资本的稀缺性。尽管一部分人力资本是天生就有的，但绝大部分人力资本是以消耗资源为基础通过人的投资而获得的，这在很大程度上决定了人力资本是一种稀缺性资源。

人力资本的投资者必然要求得到一定的投资回报，也就是说，对人力资本进行投资，其目的不仅仅是为了收回相当于"劳动力价值"的投资本金，而且要求获得高于投资本金的现金流。如果工人的工资仍然保持在最低线上，即保持在仅仅维持"劳动力再生产"而使人力资本投资利润为零的水平上，那么，作为一种投资行为，人力资本投资就不可能发生。由此可见，在知识经济条件下，由于人力资本在社会生产中的稀缺性和重要性增加，人力资本投资和实物资本投资一样要求获得投资利润，要求参与企业的剩余分配，资本与劳动的分配格局发生了很大的变化。①

在当前全球经济的激烈竞争中，中国面临着人力资本流失，尤其是高价值人力资本流失的严峻挑战。因此，各种组织为自己的人力资本提供释放能力的舞台，选拔、吸引人力资本，成为一项长期的、关乎生存与发展的战略性任务，只有科学地为组织的各种人力资本进行定价，才能聚集以企业为代表的各种组织自身的智力资本，在经济质量上逐步逼近发达国家，提升我国民众的经济和生活质量。

发展中国家的人才外流大多是由发达国家的高薪所致，而国内的人才是流向机会更多、收益更高的东南沿海地区。导致人才国际和国内迁移的魔棒就是人力资本定价。

经营者对企业而言就有不可替代的作用。很多研究者对经营者人力资本的定价问题进行了研究。比如肖建军、蒋瑛对株洲市企业经营者年薪制的实施情况进行了调查。② 在 1995 年，株洲市在湖南省率先实行企业经营者年薪制。经过几年的实践和总结，到 1999 年基本确定了"两挂钩一考核"（与企业人均实现利润挂钩、与企业利润增长率挂钩；考核国有资产保值增值率和安全生产等指标）的经营者年薪制计算方法。年薪分为基本年薪、经营年薪、奖励年薪三部分。基本年薪：以经营者的劳动力市场价为基础，以企业生产经营规模及经济效益和本企业员工平均工资收入水平来确定。对营利企业而言，在完成年度经营目标责任制的前提下，按照企业人均实现税收的不同等级，年薪的上限和下限分别为企业职工平均工资的 10 倍、4 倍。经营年薪：衡量经营者经营业绩的客观标准。实现利润与上年相比，每增长 1%，年薪可按照年初确定的基本年新的 0.5% ~ 3% 分段提取。安全生产可视经济损失的大小，适当扣减经营年薪。奖励年薪：经有关部门综合考核后，报请政府给予一次性的经济补偿和奖励。

柯林江、石金涛将经营者人力资本定价发展为一个系统的过程，包括经营者人力资本存量的测度，经营者人力资本的市场价值的评估及最后的经营者人力资

①　胡罡，楚建波．价值分配理论与人力资本定价 [J]．经济论坛，2003（16）：13 - 15.
②　肖建军，蒋瑛．给国企经营者"定价，定心"——关于株洲市企业经营者年薪制的调查 [J]．湖南经济，2000（7）：26 - 27.

本价格的确定。① 前两个环节是基础，最后一个环节是根据经营者人力资本特性及劳资双方特定背景下对经营者人力资本存量价值的进一步修正，它涉及劳动契约的签订过程及执行过程，甚至还可能包括重新谈判。

3.1.3　人力资本产权

3.1.3.1　人力资本产权

企业人力资本产权包括人力资本的所有权、控制权和收益权等。

对于物质资本来说，其所有权和控制权可以分离：投资者（股东）享有对物质资本的合约控制权和终极所有权，人力资本所有者则享有剩余控制权。这样，与物质资本相对应的收益权也应该分属于投资者和人力资本所有者。

人力资本与物质资本不同。首先，作为人力资本价值承担者的知识、技术和信息是以特定的人为载体的，某一个人所拥有的知识、技术和信息通常不能在不同的人力资源个体中进行分解，即使是企业投资所形成的知识和技术，也只能由接受投资的人所拥有，企业只能按照契约规定享受其运用所学的知识和技术所提供的服务，而不能任意索取或转让其所拥有的知识和技术。其次，所谓对人力资本的占有、使用和支配也只是对作为人力资本载体的员工而言的。也就是说，企业作为对应员工的签约方，可以按照契约规定安排和调整员工的工作岗位，也可以通过制定和执行一定的行为约束规则，让员工做到"一切行动听指挥"，但却无法直接占有、使用和支配内在与员工大脑中的知识和技术，从而也就无法真正地占有、使用和支配人力资本。

可见，人力资本产权只能属于其载体，换言之，作为人力资本载体的企业经营者及员工，不仅拥有对人力资本的所有权，而且在实质上享有对他的使用权和支配权。这样，企业人力资本所有者所拥有的产权包括两个方面：一是拥有人力资本的完整产权，二是拥有物质资本的剩余控制权及相应的剩余收益分配权。

人力资本所有者拥有的"剩余控制权"主要是指人力资本所有者拥有在企业合约之外对资产的相机处理权，它是财产控制权的一个重要方面。人力资本所

---

① 柯林江，石金涛. 劳动契约视角下的经营者人力资本定价研究［J］. 山西财经大学学报，2003（4）：10 – 15.

有者享有的对企业的剩余收益分配权，即对企业的剩余索取权。一般来说，根据"企业剩余索取权与剩余控制权相对应原则"，人力资本所有者在拥有剩余控制权的同时，也应当享有剩余索取权，即享有参与税后收益分配的权利。但赋予人力资本剩余索取权不仅是因为其所有者拥有剩余控制权，而且它也是实现人力资本价值的一种必要制度安排。对于人力资本所有者而言，其人力资本价值的实现表现为从企业获取交换价值收入，这种交换价值的高低取决于人力资本相对应的人力资产可望为企业创造的预期现金净流量的多少。然而，由于人力资产的特殊性，其为企业创造的未来现金流量具有高度的不确定性和不可预测性，这样，人力资本所有者按初始交易合约从企业获取的报酬收入也就难以真实地体现其内在价值。在这种情况下，按照企业收益的实际情况对人力资本进行追加投资，既可弥补初始交易合约的缺陷，又可实现人力资本内在价值和交换价值的协调。

3.1.3.2　人力资本产权与企业价值

在以两权分离、委托代理为基本制度特征的股份制公司中，随着两权分离与股权结构的日趋分散，公司经营者会在很大程度上拥有企业的实质性控制权，而企业价值最大化目标的实现，越来越取决于公司经营者的能力和素质，也就是经营者所累积的人力资本存量的多少。在这里，经营者人力资本成为与物质资本同等、甚至更为重要的一种实质性的资本要素。由于人力资本的特殊性，企业无法直接占有、使用和支配内在于员工大脑中的知识和技术，从而也就无法真正地占有、使用和支配人力资本，只能按照契约规定享受其运用所学的知识和技术所提供的服务。因此，为实现企业价值最大化目标，从公司角度看，有必要从人力资本产权角度实施对人力资本的激励；而从人力资本所有者角度看，他们也有理由要求分享企业剩余控制权与剩余索取权。

从这个意义上讲，人力资本产权的完整性就成为实现企业价值增值的一个必要条件。相反，人力资本所有者的产权一旦遭受损失，其价值创造功能便会遭受贬值，以致荡然无存。人力资本这种能动的、天然的个人专属性，决定了其必然超脱于物质资本的所有者而有着自身独立的价值目标与判断标准，并且只有在得到正确激励的前提下才能发挥其价值创造的功能。

在我国，以国有企业的企业家人力资本为例，他们拥有事实上的企业控制权，但目前大多无法合法、合理地获得企业剩余收益，所以过度在职消费、贪污受贿就成了他们心理不平衡的表现。①

国有企业家人力资本归属于国家，这种制度安排违背了人力资本应天然归属于其承载者的规律，所以导致其工作内力不足。国有企业家人力资本的特征是：归国家所有、由行政机制配置、难以流动或难以交易、价值严重被贬。②

在年志远看来，国有企业家收入低，并不是因为国有企业家人力资本价值低，经营管理业绩差。国有企业家人力资本的价值严重被贬，原因是多方面的，既有制度上的原因，也有观念上的原因，更有轻视国有企业家人力资本的原因。其结果是打击了国有企业家的工作积极性，降低了国有企业效率，也导致了"59岁现象"发生。

可见，传统的"物质资本雇佣劳动"的思想，在知识经济的背景下越来越显示出不合理的一面。在知识经济时代，人力资本的稀缺性日益重要，人力资本将创造比物质资本更多的财富，人力资本与物质资本的力量便也会发生根本性的转变。这已经不再是"物质资本雇佣劳动"的时代，而是人力资本为物质资本的保值、增值提供保障，物质资本更主要的是为人力资本价值功能的发挥提供了媒体与物质基础。而企业则无非是各种人力资本与非人力资本之间的一个市场合约。③ 因此，经营者凭借人力资本所有者的身份，应该同物质资本所有者（股东）一起拥有参与企业剩余控制权与剩余索取权分享的资格。

综上所述，早期的少数经济学家如亚当·斯密等也认识到人们所具有的某些有用能力是资本的组成部分，但是这些智慧的火花并没有形成火焰。在他们的年代，还没有形成人力资本理论茁壮成长的土壤。所以一直以来，人们仍是把物质因素作为经济增长的唯一源泉。直到 20 世纪，社会分工进一步细化，科学技术被广泛运用，知识在商品生产中的作用日益突出，加之"二战"后日本、德国等战败国的迅速崛起，正是这些客观因素促使了舒尔茨和加里·贝克尔等人对人力资本的研究，形成了崭新的人力资本理论。

---

① 段兴民，张志宏等. 中国人力资本定价研究 [M]. 西安：西安交通大学出版社，2005（6）：103.
② 年志远. 国有企业家人力资本的归属、特征和定价 [J]. 当代经济研究，2005（5）：41 - 44.
③ 周其仁. 市场里的企业：一个人力资本与非人力资本的特别合约 [J]. 经济研究，1996（6）.

人力资本理论开辟了当代资本理论研究的新领域，人力资本概念的提出，是对传统资本理论的挑战、创新与发展。人力资本理论认为，资本包括传统意义上的物质资本和由人的知识、技能等形成的人力资本。和同质性的物质资本不同，异质性的人力资本主要是由教育投资所形成，知识、技能是构成人力资本的主要因素。在知识经济时代，社会生产力高度发展，科学技术广泛运用，商品中凝聚了越来越多的智力因素，人作为知识的主体，人力资本的作用日益增强。注重、加强对人力资本的投资所形成的高质量的人力资本已经成为推动社会生产力发展的重要力量。

在当代，由于管理学的蓬勃发展及制度经济学等其他学科的发展，对人力资本理论的研究需要进一步发展、完善。

（1）制度经济学与人力资本理论。从制度经济学角度看人力资本理论，人力资本方法缺乏制度分析内容，特别是忽视了企业制度对人力资本投资的影响。从近几年人力资本特别是专用性人力资本概念在组织分析、就业合约安排及企业所有权等方面的研究中可以看出，引入制度因素将会使对人力资本的分析更具现实意义。

（2）管理的行为科学与人力资本理论。管理的行为理论认为，人力资本具有团队特征。一个人在不同的团队中，能发挥出不同的能力。在团队协作中，在为企业生产经营做出贡献的同时，团队成员之间也会形成团队特有的信任、友情、团队精神、集体荣誉等无形的人力资本。

（3）人力资本价值计量。在人力资本理论中，人力资本价值计量是其一个重要的领域。对人力资本价值计量的研究可以明确人力资本与经济增长的关系，为宏观调控提供决策依据。目前的研究成果表明，很多专家学者都从不同的角度或者方面提出计量人力资本的方式或模型，但大多数是从宏观方面（社会或行业角度）去研究和探讨，如罗伯特·卢卡斯和保尔·罗默等。在微观领域，对于大多数企业而言，人力资本投资是企业最大的投资，也是最富有挑战性的管理工作之一，人力资本价值计量可以作为评价人力资本配置效率的有效方法。[①] 然而在目前的企业人力资本价值计量中，人力资本价值计量不是不充分就是高估，对人力资本

① Boudreau W & Ramstad PM. Talentship and Human Resource Measurement and Analysis: From ROI to Strategic Organizational Change [J]. Human Resource Planning, 2006, 29（1）: 45 – 49.

价值如何进行计量和评估才能使人力资本价值具备客观性和公正性，是我们需要解决的一大难题。

　　人力资本理论的发展与完善，能够进一步揭示经济增长的内在推动力，能够激发人们对知识、教育、对人力资本投资的重视，积累更高的人力资本存量，使社会经济得到全面健康发展。在当今时代，人们对人力资本的认识更加深入，不仅认识到个人天赋、教育等投资对人力资本形成的重要作用，更加强调知识、团队、个人的积极能动性对人所特有的特征对价值创造的重要性，随着近代科学、网络科技的迅猛发展，人力资本的作用日益突出，学者们对人力资本的研究必将会得到进一步提高。

3.2　无形资产理论

3.2.1　无形资产概述

　　我国国家财政部 2001 年 7 月颁布的《资产评估准则——无形资产》认为无形资产是指特定主体所控制的、不具备实物形态、对生产经营长期发挥作用且能带来经济利益的资源，它包括专利权、非专利技术、商标权、商誉，以及著作权、特许权等。无形资产按不同来源划分，分为外来无形资产和自创无形资产；按照有无期限划分，分为有限期无形资产和无限期无形资产；按能否辨认划分，分为可辨认无形资产和不可辨认无形资产，前者如专利权、商标等，后者如商誉等。

　　无形资产属于企业资产的一种，它具有资产的一般特征。但同时它们还具有以下特征。

　　（1）非实体性。一方面，无形资产没有人们感官可感触的物质形态，只能从观念上感觉它，它或者表现为人们心目中的一种形象，或者以特许权形式表现为社会关系范畴；另一方面，它在使用过程中没有有形损耗，报废时也无残值。

　　（2）垄断性。无形资产的垄断性表现在以下几个方面：有些无形资产在法律制度的保护下，禁止非持有人无偿地取得，排斥他人的非法竞争，如专利权、商标权等；有些无形资产的独占权虽不受法律保护，但只要能确保秘密不泄露于外界，实际上也能独占，如专有技术、秘诀等；还有些无形资产不能与企业整体分离，除非整个企业产权转让，否则，别人无法获得，如商业信誉。

（3）共享性。共享性是指无形资产有偿转让后，可以由几个主体同时共有，而固定资产和流动资产不可能同时在两个或两个以上的企业中使用。例如，商标权受让企业可以使用，同时出让企业也可以使用。

（4）高效性。企业的无形资产能给企业带来远远高于其成本的经济效益。企业的无形资产越丰富，则其获利能力越强，反之，企业的无形资产越短缺，则企业的获利能力越弱，市场竞争力也就越差。

在现代企业竞争中，由于无形资产的价值性、难以模仿性、难以转让性，无形资产越来越成为企业核心竞争优势的来源。

现代无形资产价值评估的基本方法主要有成本法、收益法和市场法，但由于无形资产具有不完整性、虚拟性和弱对应性的成本特性，以及能带来超额收益或追加收益的收益特性，由于无形资产市场条件的限制，在资产评估的三种基本方法中，收益现值法是无形资产评估中的最主要方法。

3.2.2　人力资本的无形资产属性

人力资本是一种重要的无形资产，国内外许多学者研究者都支持这一结论。人力资本的形态是不能通过眼睛所观测，只能在观念上、意识上进行感知。如果否认人力资本这一特性，那就等于混淆了劳动力和劳动者、人力资本和人的关系，这正如无形资产中的土地使用权并不等于土地，商标权不等于商标一样。因此，人力资本是一种无形资产。

作为企业无形资产的人力资本，除了具备无形资产的共同特征外，它还具有以下不同于一般无形资产的特征，是企业中一项特殊的无形资产。

（1）人力资本的载体是人，人力资本属于人类自身所有，具有不可剥夺性。但是一旦企业拥有它的使用权，无论是从企业的生存和发展角度，还是从个人的自我实现和发展角度，双方都希望有一种长期稳定的聘用和受聘期限。而双方签订的聘用和受聘合约，也为人力资本被企业较长期的使用提供了法律保障，因此，人力资本是一种可供企业较长时期使用的资产。

（2）在企业的持续经营期内，人力资本与企业业务紧密结合，不可能将其任意变现。因为他和其他无形资产一样，不是以出售和变现为目的的资产，因而它具有不易变现的特点。

（3）人力资本的载体是人，它具有"人性"的特点，与人的生理特征、遗传基因等紧密相连。人的性格、态度、年龄、动机等，都足以影响人力资本的价值，并给企业未来经济利益带来不确定性，同样的人力资本在不同的时间条件下，发挥的作用可能大相径庭。

（4）在知识经济、高科技迅猛发展的今天，人力资本是价值创造的源泉，能给企业带来巨额的收益，这就使人力资本创造的收益要远大于其所投入的成本。

（5）人力资本的开发具有连续性。一般的物质资源只有一次开发，获二次开发，形成产品使用后，不存在持续开发的问题。人力资本不同，开发使用后可以继续开发，使用过程同时也是开发过程。

另外企业的管理方式、组织结构等也会影响人力资本给企业带来的利益，使人力资本价值具有不稳定性。但人力资本和其他无形资产一样，不能脱离企业个体而单独存在。

综上，人力资本是一种无形资产，鉴于人力资本的无形资产特性，在人力资本价值计量中，我们有必要运用无形资产价值评估的方法对其价值进行计量，但同时由于人力资本不同于一般无形资产的个性特征，我们需要对相关方法进行创新和改进。

3.3　委托—代理理论

3.3.1　委托—代理理论的主要内容

在初期的资本主义经济中，企业生产规模和市场交换的范围很小，个人或家族是财产的所有者，也是企业的经营管理者。由于所有权和经营权的高度统一，以及市场范围较小，此时并没有产生委托—代理关系。

最初的企业委托—代理关系是商业企业对制造企业的销售代理，是经济组织之间的委托—代理关系，即外部的代理关系，如独家销售代理、地区销售代理。这种外部的代理关系是制造企业对销售活动经营与控制的转移，同时也是利益的让渡和奉献的转移，这种利益的让渡实质上是利益分享。

现代意义上的委托—代理关系产生于大规模生产的需要。现代公司制度的一个重要特征是企业所有权和经营权相分离，在所有者与经营者及企业内部各级结构之间形成了委托—代理关系。现代意义上的委托—代理理论是 20 世纪 60 年代末 70 年代初一些经济学家深入研究企业内部信息不对称和激励问题发展起来的。委托—代理概念最早是由罗斯提出："如果当事人双方，其中代理人一方代表委托人一方的利益行使某些决策权，则代理关系就随之产生了。"①

委托代理理论研究的基本问题是：存在委托人（所有权拥有者）和代理人（控制权拥有者）的情况下，在信息不对称和双方利益不一致的前提下，由两权分离所带来的代理成本问题，即委托人采取怎样的方法才能以最小的代价使得代理人愿意为委托人的目标和利益努力工作的问题。委托代理理论的中心任务是研究在利益相冲突和信息不对称的环境下，委托人如何设计最优契约激励代理人。

委托代理理论的主要观点认为委托代理关系是随着生产力大发展和规模化大生产的出现而产生的，信息不对称是产生委托代理问题的主要原因。一方面，生产力的发展使得分工进一步细化，企业的所有者由于知识、能力和精力等的原因不能行使所有的权力；另一方面，由于专业化分工产生了一大批具有专业知识的代理人，他们有精力、有能力代理行使好被委托的权力。但在实际生活中，委托人和代理人的目标函数是不同的。委托人的目的是使组织利益最大化，而代理人的目标则是自己的工资津贴收入、奢侈消费和闲暇时间等个人利益最大化，双方的利益不完全一致。

在对称信息情况下，代理人的行为是可以被观察到的。委托人可以根据观测到的代理人行为对其实行奖惩。此时，帕累托最优风险分担和帕累托最优努力水平都可以达到。

---

① Ross. S. A. The Economic Theory of Agencry The Principal's Preblem [J]. American Econming Review, 1973, 63（1）：134 – 139.

在非对称信息情况下，委托人由于处于组织的外部，对于组织内部的信息无法完全掌握，而代理人由于拥有组织的控制权，因此在信息占有上处于优势，这样，代理人就有可能为了某种目的或利益而向委托人隐瞒有关信息，或虚报某些信息，使委托人处于更不利的位置。虽然委托人可以在一定程度上更多地了解代理人的信息，从而加强对代理人的激励和监督，但信息的获取又需要很多的物力、财力和精力成本。于是，委托人面临着选择最优监督力度的问题。因此，在没有有效的制度安排下代理人的行为很可能最终会损害委托人的利益。

由于委托人不能观测到代理人的行为，只能观测到相关变量，这些变量由代理人的行动和其他外生的随机因素共同决定。同时又由于合约的不完备性，委托人不能单凭"强制合同"（Forcing contract）来迫使代理人选择委托人希望的行动，于是委托人选择满足代理人参与约束和激励兼容约束的激励合同以最大化自己的期望效用。

3.3.2 委托—代理理论下的人力资本价值计量

委托—代理理论大大改进了人们对资本所有者、管理者、工人之间内在关系及更一般的市场交易的理解。同时委托代理理论为企业设置适当的人力资本激励制度提供了理论基础。

首先，人力资本的价值计量对代理人具有激励功能。一般来说，代理人往往都是较高人力资本的所有者，合理的人力资本价值计量是解决对人力资本所有者的激励问题，调动人力资本所有者的积极性，最大限度地发挥人力资本所有者潜在效能的重要手段。人力资本在完成交易进入企业后，并不意味着人力资本的效应就能达到期望的水平或潜在的水平，只有通过进一步的激励，才能调动人力资本所有者的积极性，使其达到应有的水平。

随着人力资本价值的凸显，委托—代理理论下的激励与约束机制遇到了空前的挑战，制度设计的前沿已经涉及人力资本对企业收益剩余的索取问题。① 在委托—代理关系中，由于信息的不对称，委托人对代理人的能力、创造的价值也存

---

① 王毅敏，封铁英，段兴民．基于复杂性观点的人力资本定价研究［J］．科研管理，2004，25（3）：94 – 99.

在认识上的模糊性，没有依据的企业的剩余收益分配无疑会损害股东、投资者等委托人的利益，因此，在委托—代理关系中，合理确定人力资本的价值有助于理顺委托人和代理人之间的关系，提升代理人的积极性，降低委托代理中的交易费用，为企业资源的合理配置打下基础。

3.4 小 结

本章对经营者人力资本价值计量赖以依托的理论基础进行分析阐述。经营者人力资本既是人力资本理论所研究的内容，同时，经营者人力资本又是企业一种重要的无形资产，对经营者人力资本价值进行计量不仅有助于实现对经营者人力资本的投资、经营者人力资本的定价及经营者人力资本产权的分配，还有助于会计上对经营者人力资本价值的确认，完善企业的资本结构。通过对经营者的人力资本价值进行合理的计量，股份制公司中，股东可以按照经营者的价值量制定相应的薪酬、激励措施，发挥委托—代理体制的最大效用。

第4章 经营者人力资本特征及其价值决定要素

4.1 经营者人力资本内涵及其种类

4.1.1 人力资本的界定

早在 20 世纪初，一些学者的研究就已经涉及人力资本的内容，如费雪在《资本的性质与收入》中，就提到过人力资本，李斯特在考察教育在经济发展中的作用时曾提出"精神资本"等，这种"精神资本"也可以视为人力资本概念的雏形。

人力资本概念的明确提出是在 20 世纪 60 年代，被誉为"人力资本之父"的舒尔茨认为：人力资本主要指凝结在劳动者本身的知识、技能及其所表现出来的劳动能力。之后，贝克尔进一步把人力资本与时间因素联系起来，认为人力资本不仅意味着知识、技能，还意味着时间、健康和寿命。《新帕尔格雷夫经济学大词典》对人力资本的解释是：作为现在和未来产出和收入流的源泉，资本是一个具有价值的存量，人力资本是体现在人身上的技能和生产知识的存量。在我国，对人力资本概念的解释比较典型的有"人力资本——是体现为个体独有的体力、技能和知识等"[①]；"人力资本是个人拥有的能对组织和社会发展起重要作用的知

---

① 王晨，茅宁. 人力资本价值转化模型实证分析［J］. 中国工业经济，2003（5）：86 – 91.

识、技能、经验及表现出来的能力，其形成是个人努力、长期教育或训练及包括单位投资共同作用的结果"①，等等。

总体来看，目前研究者们对人力资本的认识与理解基本趋于一致，基本上是沿袭了舒尔茨和贝克尔的观点，概括起来主要表现为以下两个方面。

第一，人是人力资本的承担者，人力资本的构成不但包括人的知识、技能、经验等，还包括人的健康和寿命。

第二，人力资本也是一种资本，和物质资本一样，人力资本需要投资，具有价值，能够为企业、社会带来收益。但在知识经济时代，人力资本为社会带来的效益要远高于物质资本。

4.1.2　人力资本与人力资源

人力资源（Human Resource）一词最早见之于管理大师德鲁克所著的《管理实践》，其含义是指企业员工天然拥有的、并自由支配的各种能力与技能，侧重于反映人的实体形态、劳动技能等因素的自然存量。人力资本概念是由美国著名经济学家舒尔茨首先提出的，舒尔茨认为人力资本是指凝结在劳动者本身的知识、技能及其所表现出来的劳动能力。

在目前国内的研究中，人力资本与人力资源两个概念常常出现在相关文献中，学术界对此并没有形成一致的意见。一般来讲，关于人力资源与人力资本的区别，学者们仁者见仁，智者见智，从不同的理论视角进行了论述。一种观点认为：从抽象意义上讲，二者具有一定的相通性，这一相通性主要体现在生产力自然属性这一层面上，因为二者都强调人的知识、技能、健康等因素。但是，人力资本更侧重于反映以"人"为中心的一系列生产关系，从会计角度而言，即对人力资本投资所带来的产权界定、资本保值增值、投资收益分配及企业权益框架的安排等问题。因此，从根本上讲，人力资本侧重于反映人的社会属性一面。另一种观点认为：人力资源与人力资本既相联系又相区别。其联系在于，它们都是以人的能力的质的规定性为核心，都是人的能力主义在不同环境下的共同体现，

---

① 张志宏，段兴民. 我国人力资本参与企业收益分配的制度分析 [J]. 当代经济科学，2002，24（5）：71－75.

两者在许多场合下可以通用和互换。但是两者的差别也很明显：人力资源是一个关于人力的存量概念，而人力资本则既是存量概念也是流量概念。人力资源是既定的，即使其再生性也是外在的力量所致，它没有刻画自己的形成过程。而人力资本则不同，是可以通过投资和积累形成的，可以自我增值扩大。人力资本涉及具体的投资、积累、形成的回报过程，而人力资源则主要是开发和利用过程。两者是从不同的角度探讨人力问题的，人力资源强调了人力的客体性方面，而人力资本强调了人力的主体性方面。

王毅敏等人的研究对两者的概念具有创新性。他们认为在人力资本泛性构架下，考虑人力资本载体是否进入市场进行交易，是区别人力资源和人力资本的主要特征。在未进入市场以前，只能说每一个自然人都具有人力资本属性，还不是人力资本，这时，称为人力资源。只有进入市场，把人力资本价值作为资本进行交易，自然人的人力资本属性和价值才能表现出来，这时，人力资源转化为人力资本。①

（1）人力资本和人力资源的差别首先是资本与资源定义的差别。资本与资源不同，资本体现一定社会关系，资本具有逐利性。人力资本是指通过一定的投资形成的，存在于人体中的能力和知识的资本形式，强调以某种代价获得某种能力，进而要求获得回报。而资源是一种自然状态，一切有用的物品都可以称得上是资源，可以说智力正常的人都是人力资源。在马克思看来，资本表现为一定物（比如货币或生产资料），但物本身并不是资本。只有在一定的关系下，它才能成为资本。脱离了这种关系，它也就不是资本。物转化为资本需要一定的社会条件。商品经济是资本产生的基础，但仅仅"有了商品的流通和货币流通，绝不是具备了资本存在的历史条件。只有当生产资料和生活资料的占有者在市场上找到出卖自己劳动力的自由工人的时候，资本才产生"②。从此意义上讲，本文的观点和王毅敏等人的观点比较接近，即只有进入市场，把人力资本价值作为资本进行交易，自然人的人力资本属性和价值才能表现出来，这时，人力资源才能转化为人力资本。

---

① 王毅敏，封铁英，符亚明，段兴民．人力资本范畴分析及现实思考［J］．中国人力资源开发，2003（3）：16－19.

② 马克思恩格斯选集．人民出版社，第 2 版．第 2 卷．第 172 页．

（2）人力资本对应于物质资本，而人力资源则对应着自然资源。一直以来，人们认为物质资本是推动经济发展的唯一来源，直到 20 世纪后期，舒尔茨通过研究提出人力资本的概念，人力资本才开始被大家所了解。同质性的物质资本不同，异质性的人力资本主要强调教育投资所形成的知识、技能是构成人力资本的主要因素。可以说，人力资本理论开辟了当代资本理论研究的新领域，人力资本概念的提出，是对传统资本理论的挑战、创新与发展。人力资源指的是体现在人身上的经济资源，这和自然资源相对应，更多地体现的是一种自然状态。比如，人们所具有的劳动力、天生的认识事物的能力等。

（3）人力资本研究的重点在于人力资本的投资与增值、人力资本的定价等领域，而人力资源研究的重点集中于人力资源的开发、人力资源的管理。人力资本是经过投资所形成的，这种经过投资所形成的知识、技能等资本是促进社会经济发展的主要力量。为了更好地促进企业和社会经济的发展，在有限的资源条件下，我们必须研究如何最大化我们的投资效能，以获取最高的投资收益，因此，研究人力资本的重点就在于人力资本的投资与增值。具体来说，这还要包括人力资本投资的结构问题、人力资本投资的效益问题等。

此外，人力资本的定价也是人力资本研究的重点领域之一。人力资本的顺畅流动是促进资源合理配置的前提之一，由于人力资本的特殊性，人力资本的价值发挥与其所在的环境有着很大的关系，因此，人力资本的合理配置往往需要比物质资本更加高的流动性。但由于人力资本的获得需要付出一定的成本，这些成本的难以计量性是阻碍人力资本顺畅流动的障碍，因此，寻求合理的人力资本定价方法是促进人力资本流动，促进人力资本效用发挥的积极性，优化社会资源配置的重要手段。

人力资源研究的重点集中在人力资本的开发与管理。比如在具体操作过程中，人力资源管理研究涉及的内容包括人力资源的招聘、人力资源的薪酬、职位分析、岗位设计、人力资源的绩效考核等。人力资源开发中，对人力资源进行的培训实际上也就是对人力资本进行投资的过程，因此，人力资源的开发和人力资本关系比较密切，在某种程度上，人力资本可以看成是由人力资源经过开发后所形成的。

4.1.3　人力资本的种类

卢卡斯（1988）曾将劳动分为原始劳动和专业化人力资本，认为专业化人力资本才是经济增长的真正动力。李忠民将企业的人力资本分为一般型人力资本、技能型人力资本、管理型人力资本和企业家型人力资本四个层次。一般型人力资本具有社会平均的知识量和一般能力水平，在社会分工中为一般劳动者；技能型人力资本具有某种特殊技能，在社会分工中为专业技术人员；管理型人力资本具有组织管理能力，在社会分工中为各级各类管理人员；企业家型人力资本具有决策和资源配置能力。不同类型人力资本的社会分工不同，人力资本对企业价值的作用机理有别。尤其是企业家型人力资本在企业价值创造中的关键作用是其他任何类型人力资本所不能替代的。由此，人力资本的分层计量将体现不同类型人力资本价值的差异性。只有对人力资本价值分层计量才能体现人力资本自身的特性，也才能使人力资本的价值衡量更具有客观性。①

王毅敏等认为应该在组织环境或背景下，按照人力资本在组织中所扮演的"角色"考察人力资本的分类。在研究了各类组织中人力资本的分布情况后，文章提出组织中的人力资本应分为主持者、支撑者和参与者三个层次（或三种角色）。由于不同组织中相同层次的人力资本价值差别可能很大，因此，三个层次的划分只是确定了一个中位概念，各个层次是有一定的扩展范围的，此谓"三层中位扩展分类法"。在这种分类法下，既可将人力资本收益与其价值创造统一起来，进行客观、理性的人力资本定价，又可对组织的收益分配也有一定的指导和参考价值。②

4.1.4　经营者人力资本的界定

经营者主要是指和企业的经营权相对应的概念。经营者是指掌握企业经营权

---

① 李忠民. 人力资本：一个理论框架及其对中国一些问题的解释［M］. 北京：经济科学出版社，1999：11.

② 王毅敏，封铁英，段兴民. 组织中人力资本的三层中位扩展分类研究中国人力资源开发［J］. 中国人力资源开发，2003（1）：20–23.

并直接对企业经营效益负责的企业高级管理人员，是委托—代理制中的高级代理人。① 经营者不同于管理者。管理者是那些在组织中行使管理职能、指挥或协调他人完成具体任务的人。如果按照管理者在组织中所处战略层次的不同，可分为高层管理者、中层管理者和基层管理者的话，那么，高层管理者由于主要从事经营活动，具有公司战略决策权，所以既是管理者，又是经营者。

　　经营者人力资本是指经营者进行经营管理、决策创新等活动所必备的健康、知识和技能等。经营者人力资本具备人力资本的一般属性，但由于经营者人力资本属于高层次人力资本，因此，和其他类型人力资本相比，经营者人力资本又具有自身的特殊性。与其他类型的人力资本相比，经营者人力资本的重要功能在于对资源的协调配置、战略决策创新，同时最重要的经营者人力资本还是其他类型人力资本价值发挥作用的基础。因此，经营者人力资本的价值更高，即它能够创造出远比一般人力资本所能具有的更高的价值。经营者人力资本价值计量的结果不仅是经营者人力资本定价的基础，而且随着人力资本价值的凸显，制度设计的前沿已经涉及人力资本对企业收益剩余的索取问题的形势下，经营者人力资本价值计量的结果也是企业收益剩余分配的依据。在委托—代理关系中，合理确定经营者人力资本的价值也有助于理顺委托人和代理人之间的关系，提升代理人的积极性，降低交易费用。②

4.2　经营者人力资本的特征

　　了解经营者人力资本的特征，把握经营者人力资本的计量要求有助于我们加深对人力资本的认识，探寻更适合经营者人力资本价值计量的途径与方法。在借鉴部分研究者对人力资本认识理解的基础上，结合自身对人力资本的理解，本部分对人力资本的特征进行分析论述。

---

① 朱克江. 经营者薪酬激励制度研究［M］. 北京：中国经济出版社，2002：11.
② 王毅敏，封铁英，段兴民. 基于复杂性观点的人力资本定价研究［J］. 科研管理，2004，25（3）：94－99.

4.2.1　经营者人力资本的异质性

人力资本的异质性是相对于物质资本而言的，和同质性的物质资本不同，人力资本是异质性资本。由于遗传基因及所处环境的差异，人的先天性素质会呈现出很大的差异，加上后天所处环境的差异，人的创造力、想象力等能力会更具有多样性，因此，人们获得的知识和形成的技能会存在很大的差异，从而致使人力资本呈现出异质性特征。在企业中，人力资本的异质性特征就表现为人力资本的职能和分工的不同。比如在企业中一般可以根据人力资本的类型不同将人力资本划分为一般型人力资本、技能型人力资本、管理者型人力资本和经营者型人力资本四个类型。一般型人力资本具有社会平均的知识量和一般能力水平，在企业中为一般劳动者；技能型人力资本具有某种特殊技能，在企业中为专业技术人员；管理型人力资本具有较高的组织决策能力，在企业中为基层和中层管理人员；经营者型人力资本具有战略决策企业运营能力，在企业中为 CEO 及其他高层管理者等。

人力资本的异质性特征使我们能够将人力资本和物质资本分开，从而探寻更加能够促进经济快速发展的途径。在人力资本理论中，人力资本特别是经营者人力资本在企业价值创造中的关键作用是其他任何类型人力资本所不能替代的，对人力资本异质性的肯定，有助于我们区分不同类型人力资本的特征，有助于我们重视、开发不同类型人才的能力，促进不同类型的人力资本的合理流动，优化人力资本配置，从而最大化地发挥人力资本的价值潜能。

4.2.2　经营者人力资本的隐蔽性

人力资本价值创造能力的高低主要取决于人力资本载体所拥有的知识和能力。人们掌握的知识分为显性知识和隐性知识。Nonaka 认为隐性知识（Tacit Knowledge）是建立在个人经验基础之上并涉及各种无形因素的知识。[①] 隐性知识高度个人化，植根于行为本身，并受环境约束。它包括个体的信仰、思维模式

---

① Nonaka. A Dynamic Theory of Organizational Knowledge Creation ［J］. Organizational Science，1994（5）：14 – 37.

等，是一种难以规范化和明晰化，无法明确描述的知识，只有通过不断的经验积累，从干中学才能获得。显性知识（Explicit Knowledge）则是指那些能够用语言或通过书面记录、数字描述、技术文件、手册和报告等明确表达和交流的知识。人力资本载体的显性知识可借助于人力资本载体的受教育程度、工作阅历、技术技能等级等信号进行传递。隐性知识指深藏于人的头脑内部，属于经验、诀窍、灵感、创意等的那一部分知识，是一种只可意会不可言传的知识。首先，经验是隐性知识形成的基础。经验包括经验深度和经验广度两个层面，由于"深层次经验"（对应于经验的深度）和罕见经验（对应于经验的广度）的稀缺性和获得的困难性，"深层次经验"和罕见经验对隐性知识的形成具有重要的意义。其次，隐性知识的形成与个人的信念、思维模式、知识结构、技能专长、社会影响、他人指导等密切相关，是个人对知识的过滤、吸收与再造的过程，是内部与外部多种影响因素的聚合。再次，隐性知识不同于信息，隐性知识的学习需要到各自的情景中亲自体验，因此隐性知识难以学习和传递。

1995年的诺贝尔经济学奖获得者罗伯特·卢卡斯于1988年在论文《论经济发展的机制》中提出了著名的人力资本模型，他认为人力资本积累可以通过两种途径获得：一是通过脱离生产的正规、非正规学校教育；二是通过生产中边干边学，工作中的实际训练和经验积累。可以说，在脱离生产的正规、非正规学校教育阶段，人们所学到的大部分知识都属于显性知识，显性知识的学习是我们日后掌握工作技能、拓展知识结构的基础，但显性知识易于被模仿、传递，对于人力资本的形成而言，显性知识的学习只能是形成一般性人力资本。而通过生产中边干边学、工作中的实际训练和经验积累所获得的隐性知识则是形成专业化、高层次人力资本的主要决定力量。隐性知识具有隐藏性，其信息通常不能借助于一些表象特征来传递，因而人力资本的隐性知识往往难以观察和度量。但也正因为它的隐藏性、不可言传和不易模仿性，隐性知识是企业核心竞争力的重要来源，是形成经营者人力资本的主要因素，在企业价值创造中发挥着不可替代的作用。

4.2.3　经营者人力资本的团队性

人力资本的团队性特征包括两个方面。

（1）人力资本价值的发挥需要团队的协作。现代社会专业化分工使企业团队生产的特征越来越显著。可以说几乎任何一件商品，都是团队劳动和智慧的结晶。离开了团队，人力资本的价值很难得到完全体现。团队生产理论的代表人物阿尔钦和德姆塞茨（Alchian and Demsets，1972）认为，企业是一种特殊的契约安排，其本质特征并不是以命令或权威控制下的长期劳动雇佣契约关系，而是生产的团队性质和中心签约人（Centralized contractual agent）的存在，企业整个的生产活动需要多个不同的生产要素的参与，企业的许多生产活动都具有团队生产的性质。

（2）在团队协作中，人们之间互相学习，取长补短，能够增加彼此的知识量，促进彼此间知识结构的完善。正是由于在团队中这种相互作用的存在，团队中每一单位的人力资本都会产生一种溢出效应来引起整个团队人力资本水平的提高，而反过来团队的人力资本水平又会决定团队、企业的运作效率，该效率的提高又会使企业和个人从中受益。

人力资本的团队性特征说明，重视团队的作用是发挥人力资本价值，提升企业人力资本价值的重要因素。在企业团队中，企业应当注重团队之间的协作，同时，企业的配置团队中应当对团队的规模，团队的知识结构等因素进行充分的分析考虑，通过强化团队在人力资本投资中的作用来提升企业整体人力资本的价值。

4.2.4　经营者人力资本的能动性

人力资本效用的发挥离不开人力资本的载体"人"。和物质资本不同，人力资本的载体"人"并不是简单的"经济人"，而是一种有思想、有感情的"社会人"。在 1924 年的"霍桑实验"中人们就已经认识到，生产效率的决定因素不单是作业条件，还包括职工情绪、人际关系等方面的因素。美国心理学家马斯洛在 1943 年的《人类动机理论》中提出了需要层次理论，提出人会具有生理、安全、社交、尊重和自我实现这五个基本的由低到高的需要。随后麦克利兰的成就需要理论、赫兹伯格的双因素理论等都说明了人是复杂的社会系统的成员。人力资本的投资与积累、人力资本价值的发挥与"人"的这些需要、特性密不可分。如果能够顺应"人"的这些需要、特性，人力资本的投资效益就会更高，人力资本的积累速度就会更快，人力资本价值体现的就会更完美，相反如果忽视"人"的这些需要、特性，就可能会导致人才的流失，降低投资的收益，就会出现消极怠工、浪费企业资源等不良现象。

4.2.5　经营者人力资本的产权属性

人力资本产权包括人力资本的所有权、控制权和收益权等。相对物质资本而言，人力资本的所有权和控制权可以分离：投资者（股东）享有对物质资本的合约控制权和终极所有权，人力资本所有者则享有剩余控制权。

人力资本与物质资本不同。首先，作为人力资本价值承担者的知识、技术和信息是以特定的人为载体的，某一个人所拥有的知识、技术和信息通常不能在不同的人力资源个体中进行分解，即使是企业投资所形成的知识和技术，也只能由接受投资的人所拥有，企业只能按照契约规定享受其运用所学的知识和技术所提供的服务，而不能任意索取或转让其所拥有的知识和技术。其次，所谓对人力资本的占有、使用和支配也只是对作为人力资本载体的员工而言的。也就是说，企业作为对应员工的签约方，可以按照契约规定安排和调整员工的工作岗位，也可以通过制定和执行一定的行为约束规则，让员工做到"一切行动听指挥"，但却无法直接占有、使用和支配内在于员工大脑中的知识和技术，从而也就无法真正地占有、使用和支配人力资本。可见，人力资本产权只能属于其载体，换言之，作为人力资本载体的企业经营者及员工，不仅拥有对人力资本的所有权，而且在实质上享有对他的使用权和支配权。这样，企业人力资本所有者所拥有的产权包括两个方面：一是拥有人力资本的完整产权；二是拥有物质资本的剩余控制权及相应的剩余收益分配权。

人力资本所有者拥有的"剩余控制权"主要是指人力资本所有者拥有的在企业合约之外对资产的相机处理权，它是财产控制权的一个重要方面。人力资本所有者享有的对企业的剩余收益分配权，即是对企业的剩余索取权。一般来说，根据"企业剩余索取权与剩余控制权相对应原则"，人力资本所有者在拥有剩余控制权的同时，也应当享有剩余索取权，即享有参与税后收益分配的权利。但赋予人力资本剩余索取权不仅是因为其所有者拥有剩余控制权，而且它也是实现人力资本价值的一种必要制度安排。对于人力资本所有者而言，其人力资本价值的实现表现为从企业获取交换价值收入，这种交换价值的高低取决于人力资本相对应的人力资产能为企业创造的预期现金净流量的多少。然而，由于人力资产的特殊性，其为企业创造的未来现金流量具有高度的不确定性和不可预测性，这样，人力资本所有者按初始交易合约从企业获取的报酬收入也就难以真实地体现其内在价值。在这种情况下，按照企业收益的实际情况对人力资本进行追加投资，既可弥补初始交易合约的缺陷，实现人力资本内在价值和交换价值的协调。

4.2.6　经营者人力资本价值发挥的"多元"性

人力资本价值的大小，不仅取决于对人力资本投资的多少，还取决于许多复杂的内外部环境因素，这是因为持有人力资本的劳动者必须在一定的组织环境中才能发挥作用。单纯考虑形成人力资本的某一方面并不能对人力资本的价值进行合理计量。在肯定人力资本价值的同时，一些研究者主张人力资本价值构成的"二元论"或"多元论"。

佟爱琴等提出了人力资本的潜在价值与实际价值。他们认为企业人力资本价值由潜在价值和实际价值两部分组成。通过教育、培训、保健、迁移等投资支出形成的人力资本价值称为人力资本的潜在价值，这种潜在价值必须通过参与社会生产过程来实现；而人力资本的实际使用过程中通过其绩效体现出的价值称为人力资本的实际价值。[①] 显然，其实际价值具有不确定性和波动性。首先，客观环境的变化会使人力资本使用中的产出贡献具有不确定性。其次，人力资本的产出贡献受人力资本所有者主观努力程度的影响，或者说受所有者的机会主义行为的影响。但同时 Mayo 也认为由于企业的特征与所处行业、环境的不同，对人力资本价值的衡量不可能会有一个通用的公式。[②]

本文认为，这种人力资本价值构成的"二元论"或"多元论"比单纯的人力资本价值"一元论"更具有价值。首先，如前文所说，人力资本的价值会受到各种环境因素的制约，人力资本所产生的价值并不一定等于人力资本所应产出的价值，人力资本所表现的实际价值和潜在价值存在差距是一种客观必然。其次，人力资本价值计量是人力资本定价、人力资本投资、员工薪酬界定和企业薪

---

① 佟爱琴，金晶，杨柳. 人力资本价值计量及其企业制度创新 [J]. 科学管理研究，2006，24 (6)：86－90.

② Elias, Juanita, Scarbrough, Harry. Evaluating Human Capital: An Exploratory Study of Management Practice [J]. Human Resource Management Journal, 2004, 14 (4): 21－40.

酬管理体系建立，推行经营者股票期权和员工持股计划提供重要的理论依据。合理、客观地计量人力资本的价值是使人力资本真正参与到企业的剩余分配，充分挖掘人力资源潜力，全面提高企业工作效率的重要保障。在目前现存人力资本价值计量方法主观性因素较强，人力资本价值计量方法并不完善的情况下，单一根据某一数据确定人力资本的价值是缺少对内外部环境制约等因素进行综合考虑的表现，不利于激发人才的积极性，不利于人才的流动与合理配置。再次，人力资本价值是一个动态变化的量，人力资本价值的"二元论"或"多元论"有助于揭示人力资本价值变化的规律，有助于分析把握人力资本的发挥情况，有助于探寻并解除组织中制约人力资本价值发挥的不利因素。

4.3　经营者人力资本价值决定要素

经营者人力资本的形成是一种长期的、动态的过程，影响和决定其人力资本价值的要素不仅包括经营者自身的知识、技能、健康等存量投资，还包括企业内外环境，以及经营者自身的天赋、追求成功的愿望等一系列相关因素。

4.3.1　经营者人力资本存量要素

经营者人力资本的存量主要包括三个方面，即经营者所掌握的知识（基础性知识和业务知识）、经营者所具备的经营才能和经营者的健康。经营者在这三个方面的投资程度是经营者人力资本存量水平的体现，它直接决定着经营者人力资本价值的高低。

4.3.1.1　知识和技能

经营者的知识和技能水平主要来源于对经营者人力资本的投资，具体来讲，主要包括以下几个方面。

（1）普适性教育投资。舒尔茨认为，人力资本主要指凝结在劳动者本身的知识、技能及其所表现出来的劳动能力。舒尔茨从增长的角度，第一次系统阐述了人力资本理论，他将人力资本形成归结为五个方面的原因：医疗和保健、在职人员训练、学校教育、企业以外的组织为成年人举办的学习项目、个人和家庭为适应就业机会的变化而进行的迁移活动。在他看来，人力资本是资本的一种形态，人力资本投资指的是用于提高人的生产能力的支出，在核算投资成本时应把人的纯粹消费开支排除。此后包括加里·贝克尔等许多学者着重强调了教育和培训对形成人力资本具有重要的作用。如 Mitja et. al 认为人力资本意味着对教育和技能的投资，并且当一个人的技能和能力提升的时候，人力资本就产生了。[①]道尔顿、梅克皮斯、马切纳罗等利用横断资料数据，从（NCDS）中选取数据，对出生于某一特定时日的个体在他们的不同阶段接受了采访。在文章中，他们用 11 岁、16 岁、33 岁、42 岁的年龄数据。从 11 岁到 16 岁包括了早期的测验成绩和公共考试，33 岁到 42 岁关注人力市场上的职业收入。当估算职业收入在 33 岁到 42 岁的变化时，他们发现收益分布的向上变化以早期的能力、教育成绩和人力市场经验为条件。这些发现表明，教育不仅能够直接形成人力资本，同时也能够帮助他们在以后的生涯中，更加容易地获取人力资本。[②]

我国研究者王毅敏等将人力资本外生价值投资包括成长及教化投资、医疗保健投资、学校教育投资、职业培训投资、信息和迁移投资等，投资的渠道一般有政府投资、个人投资、企业投资、社会团体及慈善投资等。[③]

（2）专业性教育投资。在校的正规教育能提供给人们技能和知识，此外还有其他途径能够获得技能和知识。脱离了正规的教育后，人们可以通过练习专业技能和参加培训等，但并不是所有的学习途径都能相同地产生技能和知识（Lex Borghans and Hans Heijke）。[④] Becker 认为存在两种类型的人力资本，即企业专用（Firm–specific）人力资本和普适性人力资本（General）。[⑤] 企业专用人力资本只

① Mitja Ruzzier, Bostjan AntonciC, Robert D. Hisrich, Maja Konecnik. Human Capital and SME Internationalization: A Structural Equation Modeling Study [J]. Canadian Journal of Administrative Sciences, 2007, 24 (1): 15 – 29.

② Lex Borghans and Hans Heijke. The Production and Use of Human Capital: Introduction [J]. Education Economics, 2005, 13 (2): 133 – 142.

③ 王毅敏，封铁英，符亚明，段兴民. 人力资本范畴分析及现实思考 [J]. 中国人力资源开发，2003 (3): 16 – 19.

④ Lex Borghans and Hans Heijke, The Production and Use of Human Capital: Introduction [J]. Education Economics, 2005, 13 (2): 133 – 142.

⑤ Becker, G. Investment in Human Capital: A Theoretical Approach [J]. Journal of Political Economy, 1962, 70 (5): 9 – 49.

能用在特定的企业里面，而普适性人力资本可以传递到其他企业。在竞争性人力资本市场里，企业只注重能提供企业专用技能的培训、教育。Bishop 总结说，基于学生们在高校学习的课程的比较，"那些能够最有效的工作产出直接来自社会能力（比如良好的工作习惯和良好的人际技能）和认知技能，这些对工作和事业都有很大帮助，而不是来自读、写和数学技能"①。他进一步指出读和数学技能只能间接地对生产力产生影响，因为这些理论的技能帮助个体去学习职业专有和工作专有（Occupation – specific and Job – specific）技能。黑吉克等人通过对研究生的研究也得出了相似的结论。如果研究生们找到的工作是在他们的研究领域之内，教育中的职业技能能够直接具有产出，同时普适性技能对专业领域之外，或者是获取新技能具有重要的作用。在学校里学习不同类型技能的重要性因此也就取决于人力市场上的不确定性，人们适应改变环境的途径淡化了教育和经济问题的差异。②

　　虽然实践和学者们的研究表明，现实中企业更加注重员工的专有性人力资本，一些研究者也提出要在教育中提高专业教育水平，但也不应当轻视普适性人力资本的作用。教育可以分为专业教育和通识教育，其中专业教育对应专有性人力资本，通识教育对应普适性人力资本。单纯强调通识教育而排斥专业教育，将使所培养的人很难在现代社会中享有满意的工作和生活。但是也应当看到，在现代的教育体系中，如果只进行从事某一职业所需的专业知识和技能教育，在人才的具体培养过程中，不可避免地会把人当作一个仅仅会"做事"的"人"来进行训练，狭窄的专业教育使培养出来的人才在知识、能力、思维、情趣上都可能被专业化，从而使人的发展出现片面性。

　　在心理学领域，Piaget 认为人们会具有一种认知图示（Schemas），当我们身处于新的环境之中或获得新的经验时，如果这些感受和自身以往的认知图示不同，就会对原来的认知图示进行重组和修改，从而新的认知图示诞生。并且学习者构建新的认知结构是一个同化（Assimilation）的过程，即将新的知识整合进现

　　①　Bishop, J. H. Vocational Education and at Risk Youth in the United States [J]. Vocational Training, 1995 (6): 34 – 42.

　　②　Heijke, H. et al. Fitting to the Job: The Role of Generic and Vocational Competencies in Adjustment and Performance [J]. Labour Economics, 2003, 10 (2): 215 – 229.

有的知识结构，并且调节已有的知识结构来整合新的信息。[①] 在 Piaget 的模型中提到了学习者的认知过程及其知识结构的更改过程。当人们在接触或者获取外部信息、知识时，要对外部的信息进行过滤，而知识结构就充当了过滤器的角色。个人的知识结构对人们获取的信息、从事的行业、具备的技能及获取的经验有很大影响，进而知识结构的差别会导致人们所具备的隐性知识的差别。通过模拟训练，在不同的场景中尝试不同的体验，可以拓宽人们的认知，进而改善知识结构。从理论上来说，只要参与者有足够的意愿和积极性，只要模拟设计的场景足够逼真完善，参与者的知识结构最终会得到完善。

另一位学者多萝西·伦纳德在《潜智》一书中提到的"感受器"，有助于人们进一步了解模拟在知识结构以及隐性知识创建中的作用。[②] "感受器"是人大脑中必备的一种能获得复杂、基于经验知识的神经结构，是参照标准或先前经验的物质载体——当前的输入可以与它连接，没有这些"感受器"，新的信息就不能融入大脑结构，就会一直不可理解或毫无意义。比如说网络游戏，没有玩过这类游戏的人一般会将其视作陌生领域，缺少处理这些问题的"感受器"。"感受器"的缺失会使我们难以处理新经验。多萝西认为模拟能创造"感受器"，能使学习者更好地理解今后现实中所获得的直接经验。另外，现代社会的迅速发展使得每个人终身从事一种工作的时代已经成为历史，知识更新速度加快也要求教育不能只关注某种狭隘的专门训练，而要着眼于给未来的工作学习打下一个宽厚坚实的基础，使他们具有坚实的知识理论基础和基本技能，以便适应社会发展、知识更新、职业变更等方面的需要。并且，个人的职业历程还是个人选择与环境制约的综合结果，过分强调专业教育也不利于个人的选择。

道尔顿、梅克皮斯和马切纳罗通过调查人力资本投资对职业生涯和整个生命周期收益的影响发现，人力市场上，最初的生涯的起点决定于在最初的教育阶段所积累的人力资本，下一阶段取决于任何的在职培训，进一步的成长则是在达到

① Edward Borodzicz and Kees van Haperer. Individual and Group Learning in Crisis Simulations [J] . Journal of Contingencies and Crisis Management, 2002 (3): 139 – 147.

② ［美］多萝西·伦纳德，苏尔普. 潜智——如何培养和传递持久的商业智慧 [M] . 李维安，谢永珍译. 北京：商务印书馆，2005：206.

的目标和现有条件限制的基础上，个体对自身的最优选择。① 所以，虽然教育和专业技能都是形成人力资本的重要因素，但不能过分强调专业技能而降低教育的功能。合理的教育应当是专业教育和通识教育的结合，经营者人力资本的投资也是通识教育投资和专业教育投资的结合。

综上所述，教育是形成经营者知识和技能的决定因素之一。经营者接受的教育包括普适性教育（正规教育）和专业性教育。其中，专业性教育主要包括对特定业务知识的学习和对专用技能的培训、教育等。

4.3.1.2 健康

经营者的健康程度是决定他工作效率和工作寿命的关键因素之一。对经营者健康进行的医疗、保健投资是提高经营者的生产能力的必要支出。对某一经营者，可以说他所获得的健康投资越多，他的工作效率就越高，寿命就越长，自身的价值也就越高，相应地就能为企业、社会创造更多的价值。

在经营者的健康方面，经营者的年龄是影响经营者健康的重要因素。生老病死是每一个人都要经历的历程。随着年龄的增大，人体中的器官会出现老化，在这种老化过程中，人们学习、接受新事物的能力会逐渐下降，思维逐步僵化，从而会制约一个人人力资本价值的发挥。然而，具有较高价值的人力资本的形成往往是一个长期的过程，从对相关专业知识的学习，到各种知识的获取、技能的形成、经验的积累是长期实践的结果。随着自身年龄的增长，虽然人力资本所有者的知识、经验会增长，但人力资本所有者的体力、精力等却会逐渐降低。人力资本存量的高低往往会随着年龄的变化而变化，如果其健康程度较差，人力资本就会发生贬值。其具体演变过程如图 4-1 所示。笔者认为，随着年龄的增长，人力资本会经过人力资本的形成—人力资本的增值—人力资本达到顶峰—人力资本的贬值这样一个过程。

所以，对健康的投资是保证经营者知识、技能持续发挥的必要投资。事实证明，通过对人的健康进行投资，能够延缓这种衰老过程。一般来说，经营者的年龄都相对偏大，而经营者面临的激烈的竞争环境要求经营者必须以旺盛的精力、

---

① Becker, G. Investment in Human Capital: A Theoretical Approach [J]. Journal of Political Economy, 1962, 70 (5): 9 - 49.

敏锐的反应、大胆的创新来应付市场激烈的竞争环境，因此，对经营者健康进行的医疗、保健等投资就变得尤为重要，这些投资也就成为保证经营者人力资本价值能否持续有效发挥的关键。

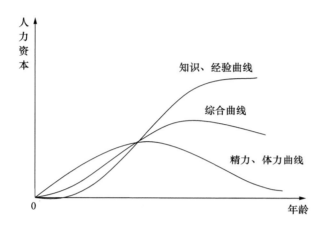

图 4.1　人力资本具体演变过程

资料来源：作者绘制

4.3.2　经营者自身特性要素

4.3.2.1　先天性素质

经营者的先天性素质，或者说经营者本身所具有的先天性素质是影响经营者人力资本形成的重要因素，同时也对经营者人力资本价值的发挥起着重要作用。

人力资本所有者本身所具有的先天性素质首先是指父母的基因遗传。心理学家对智力测验的研究表明：没有血缘关系的儿童，即使在相同的环境中长大，智商之间的相关性也很低，而先天遗传基因相同的双生子，即使在不同的生活环境中长大，智商之间的相关性仍然会很高。由于人的遗传基因等的不同，在先天性素质上就会存在个体差异。这些素质的差异表现为个体创造力、想象力的差异，进而会影响人们在日后的知识学习、技能获取，从而影响人力资本的价值。王毅敏等人认为个体的先天性因素是人力资本的构成要素。在他们看来，人力资本是一种客观存在的价值系统，对于不同的人力资本载体，有人力资本存量水平高低之分，但不存在是否具有人力资本属性一说。单方面强调后天物力投资形成人力资本的观点没有全面考察人力资本的价值内涵，因而遗漏了人力资本价值构成的也许是最重要的一部分——人力资本的内生价值。人力资本价值是内生价值和外生价值的统一体，二者相辅相成。内生价值的存在是外生价值得以形成的基础，是外生价值的载体，又通过外生价值表现出来；外生价值是对内生价值的开发，是对内生价值的发挥，通过内生价值发挥其收益性效用。两种价值的形成机理是不同的，或者说投资渠道、方式是有差别的。①

本文认为，人力资本所有者的先天性因素是形成人力资本的基础，但相比对人力资本的投资，它并不是形成人力资本的直接因素。两个具有相似先天性能力的人，有没有获得相应的投资，在价值创造上会产生较大的差异。所以，本文将人的先天性因素归入人力资本价值的影响因素而不归入构成要素，一方面是基于上述原因，另一方面是因为人的先天性因素是一个很模糊、很难计量的因素，如果将人的先天性因素归入到人力资本的构成，将会给人力资本的研究带来很大的不确定性。

4.3.2.2　经营者的情感与道德

经营者的主观态度如情感、道德等也是影响人力资本价值的重要因素。在现实的经济、社会生活中，个体是复杂的社会人。在个体需求的不同阶段，个体会表现出不同的动机与行为。经营者是满足了基本的生活资料需要、安全需要等低层次需要的一类群体，追求高层次的需要是他们的普遍特征。此时，作为奖励和激励手段的物质报酬对发挥其人力资本价值的作用往往会受到较大程度的局限，而经营者追求自我实现的上进心、勇气等情感因素及道德等因素却能够带动经营者开拓进取、奋勇向前。

情感对人力资本价值的影响方面，一些研究者使用了情感资本一词，如情感资本指的是行动的勇气等。② 在本文看来，经营者的情感主要包括诚信、乐观的态度、进取心和勇气等。首先，诚信是经营者的立身之本，我国在古代就有做生意要"童叟无欺"的警示。可以说没有诚信的经营者即使在短时间内获利不菲，

① 王毅敏，封铁英，符亚明，段兴民. 人力资本范畴分析及现实思考 [J]. 中国人力资源开发，2003 (3)：16 – 19.

② Richard McBain. Appreciating the Value of Human and Social Capital [J]. Henley Manager Update. 2005, 16 (3)：1 – 10.

但是经济活动中的商业行为并非一次性交易，多次交易的结果使双方最终会互相了解。无论一个经营者的知识技能水平有多高，失去诚信的经营者最终会因为信誉、声誉的不良而被社会淘汰。相反，经营者具有良好的信誉，他不仅会受到市场的肯定，同时投资者也会因为其诚实守信的态度而进行投资以提供进行经营的良好环境，从而促进其人力资本价值的发挥。进取心或者是执着追求的精神是成功者所必不可少的一个情感。在实际生活中经常会见到某些人会为了一个理想而孜孜不倦地追求，同时也会看到许多人因为一点点满足而止步不前。一个缺乏进取心的经营者，即使握有尚方宝剑（超强人力资本）也难以在激烈的竞争中发挥出自身应有的价值。经营者要有乐观奋进的勇气，在企业不适应市场需要的时候，要有勇气变革与创新。

经营者的道德风险是决定经营者人力资本价值的重要因素，由于委托人和代理人之间的信息不对称，以及委托人和代理人追求自身效用最大化的目标不同，经营者可能会存在过度消费、损害委托人利益的不道德行为，此时将会对企业价值产生直接的影响并进一步影响经营者的声誉，使其价值减损。

4.3.2.3　经营者的执业生命周期

一般而言，在人们的职业生涯中，从工作获得收益开始，往往要经历职业探索阶段、立业与发展阶段、职业中期阶段和职业后期阶段这四个职业发展阶段。相应地在发展的不同阶段，随着年龄的增长，受教育程度的提高、经验的积累和社会环境的变化，人力资本也会发生变化。因此认识不同阶段的人力资本特征和发展趋势，有助于合理地对人力资本的价值进行计量以及有效地发挥人力资本的效用，帮助组织对人力资本进行投资和管理。

人们的职业生涯具有阶段性是一种客观现象，任何一个经营者职业生涯过程都是遵循从创新到保守、从适应到落后的规律，相应地，经营者人力资本的价值效率也会经历一个从提升到降低的过程。1991 年，美国哥伦比亚大学的汉布瑞克（Hambrik）和福克托玛（Fukutomi）提出了一个总裁生命周期的五阶段模型。"五阶段假说"认为总裁的管理生命大约有以下五个阶段：一是受命上任，二是摸索改革，三是形成风格，四是全面强化，五是僵化阻碍。该理论认为，导致总裁绩效抛物线现象的原因主要有认知模式、职务知识、信息源质量、任职兴趣和

权力这五项因素。① 各个阶段的认知模式、职务知识、信息源质量、任职兴趣和
权力特征见表 4 - 1。

表 4 - 1　总裁的管理生命周期

	受命上任	摸索改革	形成风格	全面强化	僵化阻碍
认知模式	中强	或弱或强	中强	强且上升	非常强
职务知识	知之甚少但上升很快	大体熟悉，中速上升	非常熟悉，缓慢上升	非常熟悉，缓慢上升	非常熟悉，缓慢上升
信息源质量	来源广，未经过滤	来源广，信息过滤产生	依赖少数信息源；信息高度过滤	依赖少数信息源；信息高度过滤	非常少的信息源；信息高度过滤
任职兴趣	高	高	中高	中高但是下降	中低，下降
权力	弱；上升	中；上升	中；上升	强；上升	非常强，失控产生

资料来源：魏秀丽. 民营企业家成长的自身障碍：能力、生命周期和治理 [J]. 经济与管理研究，
2005（12）：50 - 52

　　在国内，一些学者也对经营者生命周期进行识别，并对生命周期的阶段进行
划分，如谢获宝等根据时间的变化，将企业家的生命周期划分为步入阶段、成长
阶段、成熟阶段、衰退阶段、退出阶段。② 根据他们的观点，导致企业家生命周
期阶段变化的因素主要包括企业内部因素（如产权关系、组织形式、企业所处阶
段等）、企业外部因素（如社会人文、政治、经济、法律等）、企业家个人需求
因素（如归属需求等）。

4.3.3　经营者所处组织环境要素

　　经营者人力资本的价值也会受组织环境因素的制约，组织环境因素决定了人
力资本效能的发挥程度，比如人力资本的产权制度、组织结构、组织领导方式、
岗位设置、企业文化、社会文化、激励机制等。合理的人力资本产权制度能够激
发人们的工作热情，促进人力资本高效发挥的积极性；高效的企业组织结构可以

---

① 武勇. 国企经营者任职生命周期分析 [J]. 改革与战略，2004（8）：60 - 62.
② 谢获宝，张勇涛，潘黎. 企业家生命周期——阶段划分及其演变过程 [J]. 经济管理，2006，
23：49 - 54.

为人力资本发挥其潜力提供良好的环境；企业组织的正确领导和决策，能产生高度的凝聚力、亲和力，促进人们之间的交流、协作，激发员工的工作热情和创造欲望，促进人力资本价值的充分实现和发挥，提高企业的经济效益；个人在企业中的岗位和角色安排得当，个人能力和工作热情会得到极大提升，组织角色安排失当，个人能力和工作热情往往会受挫；尊重知识、尊重人才的良好的社会氛围能给人力资本的价值实现提供良好的激励机制；企业文化的差异会影响人们的工作与生活的价值观、生产方式、满足需要和欲望的顺序。此外，社会的文化传统、道德约束、价值判断、社会供求关系等多种外部因素也会不同程度地影响到人力资本价值的实现。王华、王华、杜兴强、黄良文认为，财务业绩、管理能力、工作态度、团队精神和创新能力这五个方面决定着企业家人力资本对企业价值增值的贡献；[1] 吴东、张徽燕把影响人力资本价值的组织环境因素概括为互补性资本（主要包括组织资本、文化资本和社会资本），采用人力资源会计中的经济价值法作为人力资本的价值计量方法，对基于互补性资本投资的人力资本增值模型进行分析。[2]

此外，经营者的产权问题是决定对经营者进行激励的有效手段，是决定经营者人力资本价值的重要因素。在以两权分离、委托代理为基本制度特征的股份制公司中，随着两权分离与股权结构的日趋分散，公司经营者会在很大程度上拥有企业的实质性控制权，而企业价值最大化目标的实现，越来越取决于公司经营者的能力和素质，也就是经营者人力资本的存量。由于人力资本的特殊性，企业无法直接占有、使用和支配内在与员工大脑中的知识和技术，从而也就无法真正地占有、使用和支配人力资本，只能按照契约规定享受其运用所学的知识和技术所提供的服务。因此，为了实现企业价值最大化目标，必须从人力资本产权角度实施对人力资本的激励；同时人力资本所有者也有理由要求分享企业剩余控制权与剩余索取权。因此，人力资本产权的完整性就成为实现企业价值增值的一个必要条件。相反地，人力资本所有者的产权一旦遭受损失，其价值创造功能便会遭受贬值，以致荡然无存。人力资本这种能动的、天然的个人专属性，决定了其必然

①　王华，杜兴强，黄良文. 企业家人力资本计量模型探讨 [J]. 中国工业经济，2003（8）：84 - 91.
②　吴东，张徽燕. 基于互补性资本的人力资本增值模型研究 [J]. 华东经济管理，2005（11）：108 - 110.

超脱于物质资本的所有者而有着自身独立的价值目标与判断标准，并且只有在得到正确激励的前提下才能发挥其价值创造的功能。以我国国有企业的企业家人力资本为例，拥有事实上的企业控制权，但大多在目前无法合法地、合理地获得对企业剩余收益的回报，所以过度在职消费、贪污受贿就成了他们心理不平衡的表现。① 国有企业家人力资本归属于国家，这种制度安排违背了人力资本应天然归属于其承载者的规律，所以导致其工作内力不足。国有企业家人力资本的特征是：归国家所有、由行政机制配置、难以流动或难以交易、价值严重被贬。② 在年志远看来，国有企业家收入低，并不是因为国有企业家人力资本价值低，经营管理业绩差，国有企业家人力资本的价值严重被贬的原因是多方面的，既有制度上的原因，也有观念上的原因，更有轻视国有企业家人力资本的原因。其结果是打击了国有企业家的工作积极性，降低了国有企业效率，也导致了"59 岁现象"的发生，并因此而导致了这些优秀的经营者人力资本价值的贬值，因此，产权制度是决定经营者人力资本价值的环境要素之一。

4.4　小　　结

经营者人力资本是企业中最具价值的人力资本。它的价值不仅体现在为企业创造超额收益，它还是其他类型人力资本创造价值的关键。认识与确定影响经营者人力资本价值的要素是我们进行经营者人力资本价值计量的前提。

物质资本在投入企业时能相对准确地对其价值加以评估和确认。首先，由于人力资本是异质性资本，不同的人力资本会表现出不同的特点，这就需要我们根据人力资本异质性特点，合理地区分人力资本的类别，结合特定的环境，针对特定的人力资本进行分别的评估计量。其次，知识中的隐性知识是构成人力资本的主要因素，是组织持续竞争优势的重要来源。人力资本的适应性、创造性及技能开发能力等是人力资本最重要的特征，但这些特征都和获取与应用"隐性知识有

---

① 段兴民，张志宏等. 中国人力资本定价研究［M］. 西安：西安交通大学出版社，2005：103.
② 年志远. 国有企业家人力资本的归属、特征和定价［J］. 当代经济研究，2005（5）：41 - 44.

关"。因此，计量人力资本的价值过程中，有必要考虑隐性知识的作用。但由于隐性知识的难以观测性、难以计量性，直接通过知识存量等来计量人力资本的价值会变得非常困难。针对这个问题，一些研究者认为应该通过间接计量法对人力资本价值进行计量。再次，人力资本的过程性和动态性等特征表现为人力资本投入运营后，其真实价值才会以一定的形式表露。人力资本价值必须在其使用过程中通过绩效加以确定。人力资本价值的过程性和事后性，为人力资本价值评估带来一定困难。我国学者朱明秀、吴中春对此进行了探索，他们提出可以通过逆向评估法的思路进行评估。即先评估企业价值，在企业价值的基础上计量整体人力资本价值，然后通过整体人力资本计量团队人力资本价值，最后在团队人力资本价值的基础上计量个人人力资本价值。[①] 这种方法有一定的借鉴意义，其实质是割差法的思路。但这种思路也存在着明显的缺陷：企业价值减去有形资产价值剩余后的价值并不全是人力资本所创造的价值；计算层次过多，在实践中应用具有很大的困难；作者强调团队在形成人力资本价值中的作用，却又忽视企业作为整体团队是由各子团队有机整合的事实，强行割裂只能导致评估不准确，因此，在这一点上还有待我们继续探索研究，最后我们人类能够互相影响，正是这种相互影响的行为决定了我们在组织中的价值。[②] 人力资本的团队协作性特征说明，个体人力资本的价值在团队中与否会具有很大的差异，因此这要求我们在人力资本价值计量中不能强行对整体进行割裂。这就提出了对团队、群体人力资本价值进行计量的要求。

经过前文对经营者人力资本价值影响因素的分析，本文认为经营者人力资本价值是经营者人力资本存量与经营者人力资本效能（经营者特性和组织环境）共同作用的结果。经营者人力资本价值计量不仅应当包括对经营者所创造的效益的确认，还应当能够较全面地反映经营者人力资本价值的潜在创造力，以对经营者实现有效激励和合理的定价。在经营者人力资本价值计量上，由于经营者创造价值的利润分成等原因所造成的经营者人力资本价值确认的困难，在考虑采用货币方法对经营者人力资本进行价值计量的同时更需要考虑采用间接性的非货币计量方法进行计量。

① 朱明秀，吴中春．人力资本价值计量方法探讨［J］．中央财经大学学报，2005（12）：65－69.
② Nancy R. Lockwood, SPHR, GPHR, M. A. Maximizing Human Capitai: Demonstrating HR Value With Key Performance Indicators［J］. SHRM Research Quarterly, 2006（3）：1－10.

第5章 经营者人力资本价值 计量指标体系与模型

5.1 经营者人力资本价值计量的重要意义

经营者人力资本是社会的稀缺资源，是促进企业发展、社会进步的主要力量。对经营者人力资本价值进行计量是进行人力资本投资、人力资本产权配置、人力资本定价的必然要求。

在当前全球经济的激烈竞争中，人力资本流动加快，经营者人力资本越来越成为企业所追逐的对象。选拔、吸引优秀的人力资本，已经成为一项长期的、关乎生存与发展的战略性任务。目前，我国一些地区的人才外流现象大多是由发达地区的高额薪水、优良的工作环境所引起的，而许多人才流向机会更多、收益更高的东部地区。许多地区也纷纷采取措施以吸引和留住优秀人才。比如，1995年株洲市在湖南省率先实行企业经营者年薪制，经过几年的实践和总结，到1999年基本确定了"两挂钩一考核"（与企业人均实现利润挂钩、与企业利润增长率挂钩；考核国有资产保值增值率和安全生产等指标）的经营者年薪制计算方法。年薪分为基本年薪、经营年薪、奖励年薪三部分。基本年薪以经营者的劳动力市场价为基础，以企业生产经营规模及经济效益和本企业员工平均工资收入水平来确定。对营利企业而言，在完成年度经营目标责任制的前提下，按照企业人均实现税收的不同等级，年薪的上限和下限分别为企业职工平均工资的10倍、4倍。

经营年薪是衡量经营者经营业绩的客观标准。实现利润与上年相比，每增长1%，年薪可按照年初确定的基本年新的 0.5% ~ 3% 分段提取。安全生产可视经济损失的大小，适当扣减经营年薪。奖励年薪是经有关部门综合考核后，报请政府给予一次性的经济补偿和奖励。[①]

为能够在区域竞争中获得竞争优势，首先需要在对人力资本价值进行科学计量的基础上，合理地为经营者人力资本进行定价，才能吸引、聚集优秀的经营者人力资本，从而使经济实现可持续发展，使民众的经济和生活质量得到提升。

科学地对经营者人力资本进行计量是实现对经营者人力资本进行科学合理定价，选拔、吸引优秀人力资本的必要前提。同时，对经营者人力资本价值进行计量还是实施经营者人力资本投资、进行产权分配的必要条件。

经营者人力资本的价值不仅体现在这种资本本身可以通过战略决策等创造价值，经营者人力资本还能影响其他类型人力资本价值的发挥。因此，企业不仅要做到通过定价来吸引优秀的经营者，还需要通过不断地为经营者人力资本进行投资。科学地对经营者人力资本现有存量的计量，以及在特定环境中经营者人力资本价值量的计量，企业不仅可以确定对物质资本和人力资本进行投资的比例，还可以合理地确定经营者人力资本的投资结构，从而做到有的放矢，提升投资效益，使阻碍经营者人力资本价值发挥的能力逐步提升。在激励措施上，对经营者人力资本赋予企业的产权，不断挖掘经营者人力资本的潜能，实现对经营者人力资本的有效激励，从而促进我省企业的发展。而对经营者人力资本进行投资和对经营者人力资本进行产权分配的标准就是经营者人力资本的价值量。

因此，探索合适的经营者人力资本价值计量方法，对经营者人力资本价值进行计量是提升人才竞争优势，促进、发挥经营者人力资本潜能，实现对经营者人力资本有效激励的必要途径。

此外，值得注意的是，投资的目的是获得收益，人力资本的投资者必然要求得到一定的投资回报。也就是说，对人力资本进行投资，其目的是获得高于投资本金的现金流。如果工人的工资仍然保持在最低线上，即保持在仅仅维持"劳动

---

① 肖建军，蒋瑛. 给国企经营者"定价，定心"——关于株洲市企业经营者年薪制的调查［J］. 湖南经济，2000（7）：26 – 27.

力再生产"而使人力资本投资利润为零的水平上，那么，作为一种投资行为，人力资本投资就不可能发生。①

在不同的地区，经营者所面临的组织环境和社会环境不同，其价值也会存在很大的差别。比如在西部地区一位经营者的年薪是 20 万元，在东部他就能够获得 100 万元以上的年薪，除了东部地区生活消费水平较高的原因外，更重要的在于东部地区能够给他提供更好的平台，使东部经营者人力资本能够发挥出更高的价值。正是由于这种地区差异的存在，使经营者人力资本的价值计量方法不可能存在一个统一的模式。因此，综合考虑到股东作为投资者的利益，以及为了更加合理地对经营者人力资本价值进行计量，寻求合适的经营者人力资本价值计量的方法模式就显得尤为重要。

5.2　经营者人力资本价值计量方法设计

如前文所述，对经营者人力资本价值进行计量需要综合考虑经营者的人力资本存量、经营者的个性及组织环境这三个维度的因素。在此基础上，本文拟以山东省的数据，建立经营者人力资本价值计量模型。首先，本文通过发放调查问卷，采用因子分析法确定进行经营者人力资本价值计量的指标，然后通过专家调查（改进标度的层次分析法等）确定这些指标与经营者人力资本价值之间的定量关系及它们之间的相关关系，最后得出经营者人力资本价值计量模型。

本文在研究过程中采取样本调查的方法，通过问卷调查获得相关数据，并在此基础上展开研究。问卷的发放和数据处理分为以下阶段。

（1）经营者人力资本价值计量指标因子调查问卷。该问卷发放的目的在于获得确定经营者人力资本价值计量的指标数据。通过问卷调查，获得被调查人员对不同指标的评价值，并进行数据分析，从而获得对经营者人力资本价值计量所需要的指标因子。在样本的选择上，选择企业的董事会成员、CEO 及其他高层领导者作为调查样本。

① 胡罡，楚建波. 价值分配理论与人力资本定价［J］. 经济论坛，2003（16）：13 – 15.

其中，对通过问卷调查获得的数据，本文采用了因子分析法将数据进行浓缩，从而得到互相不相关的几个主要因子对经营者人力资本进行解释，并借此确定各个主要因子和其构成指标之间的定量关系。在具体的数据处理过程中，借助了 SPSS12.0 软件。

（2）经营者人力资本专家调查问卷。通过第一步的问卷调查和数据处理，能够得到互相不相关的解释经营者人力资本价值的若干因子，要最终构建经营者人力资本价值计量模型，需要进一步找出这些互不相关的因子与经营者人力资本之间的定量关系，也就是确定各因子的权重。因此，此次问卷发放的目的在于获得不同专家对于解释经营者人力资本价值的不同因子的定量评价值，从而最终建立经营者人力资本价值的计量模型。在具体的数据收集处理上，采用改进标度的层次分析法。为保证所获数据的客观性和权威性，该问卷主要发放群体是进行人力资本研究的高校教授、副教授、博士生，企业经营人员等。

5.3　经营者人力资本价值计量指标体系

5.3.1　经营者人力资本价值计量理论指标体系

根据对经营者人力资本价值影响要素进行的分析，本文将影响经营者人力资本价值的要素分为三个方面，即经营者人力资本存量要素、经营者特性要素和组织环境要素。为了能够合理、全面地实现对经营者人力资本价值的计量，需要对这三方面的要素进行具体的分析，从而确定经营者人力资本价值计量的具体指标。

5.3.1.1　经营者人力资本存量要素

（1）学历。学历反映了经营者所接受正规教育程度的高低。经营者的学历越高，表明经营者所获得的教育投资越高，相应的所学知识越多，人力资本价值越高。我国研究者王金营曾提出使用学历指数法、受教育年限法和专业技术技法等衡量人力资本存量的高低。学历指数法是对不同层次的劳动力赋予不同的学历指数，将学历指数作为权数进行加权求和，计算公式为：

$$Hi = \sum_{i=1}^{6} HEij \times wi$$

式中，Hi 为人力资本存量，$HEij$ 为第 i 学历水平的劳动力数量；wi 为学历指数；$i = 1$，2，3，4，5，6，7 分别表示文盲、半文盲、小学、初中、高中、大专、本科及以上。

（2）工作年限。经营者的工作年限与其工作经验息息相关。经营者的工作年限越长，其工作经历越丰富，在工作中所获得的隐性知识越多，应对复杂市场环境的能力就会越强。

（3）工作培训。在校的正规教育的完成并不意味着人力资本投资的终结，在职的工作培训同样也是经营者获取工作知识和技能的必要途径。而且，企业提供的工作培训还意味着经营者获取新的人力资本的开始。在我国姚先国等人在关于我国人力资本投资的研究中发现：企业提供的培训投资呈现了极不平衡的现象。技能水平和职位等级高的员工能获得大量的培训投资，处于企业生产和技术部门的一般员工获得的培训投资显著偏低。企业对员工的培训投资中，年龄和技能等级表现了较强的相关性，性别、教育程度和工作经验并不表现显著性。随着员工年龄的增加，企业将减少员工的培训投资。企业倾向于向技能水平高的员工投入更多培训资源。职位等级显著地决定了培训投资，随着员工所处职位的不断提升，企业会加大对员工的培训投资。结果还显示，生产部门和技术部门的员工显著地获得较少的投资。[①]

（4）职称等级。职称等级能够体现经营者专业知识、能力水平的高低。比如在企业经营中，具备注册会计师资格职称的经营者往往具备较高的财务管理、财务分析能力，如果企业出现不良的财务状况，他们往往能够提前预见并及时进行改善。

（5）工作绩效。经营者的工作绩效是经营者在企业经营过程中的成果。经营者以往工作绩效的高低是对经营者知识多寡和技能高低的直接体现，因此，经营者的工作绩效也是反映经营者知识存量的一个因素。

---

① 姚先国，翁杰. 企业对员工的人力资本投资研究［J］. 中国工业经济，2005（2）：87 – 95.

（6）任职经历。经营者的任职经历也是经营者丰富自身知识技能的途径。经营者在不同的公司、行业中任职，能增强经营者的阅历，开阔其视野，有助于其人力资本价值的提升。

（7）轮岗次数。经营者在企业中层岗位工作过，一方面使经营者能够在企业经营过程中能够灵活应付不同的市场环境，另一方面使经营者能够综合考虑整个企业系统，在企业资源配置中一系统的原则综合配置，降低注重某一子系统而导致整个系统效率降低的风险。

（8）年龄。年龄是决定经营者健康、经营者的工作经验、经营者的任职经历等的重要因素。经营者的知识、技能和健康等都会随着年龄的变化出现显著的差异，因此，年龄是衡量经营者人力资本价值的重要因素之一。

（9）精力充沛。精力充沛是经营者健康状况的体现，一般而言，精力充沛的经营者健康状况良好，工作效率高，能够很好地带领企业走向成功。

（10）薪酬。经营者的薪酬是对经营者经营绩效的报酬。一方面，经营者的薪酬反映了经营者经营企业的能力，因此某种程度上经营者的薪酬可以看作是对经营者人力资本的部分回报。另一方面，经营者的薪酬和经营者的健康密切相关，经营者所获得的薪酬越高，企业和经营者在经营者健康方面的投资也就越高，经营者的健康也就越能得到保障。

（11）领导能力和（12）战略决策能力。经营者的技能首先表现为领导能力和战略决策能力。在企业中经营者属于高级管理人员，在企业中的地位决定了经营者主要以企业经营为主，和一般的管理决策不同，其决策类型通常表现为战略决策。因此，战略决策能力是经营者的必备技能之一。经营者在企业中居于领导者的地位，因此，领导能力也应当是经营者所要具备的技能之一。

此外，经营者的技能还表现在多个方面。经营者属于高层次的管理人员。美国管理学家孔茨认为管理人员应该具备的管理才能包括四类。技术才能：管理人员完成其业务工作所需要的能力；人际交往才能：与他人一起工作的能力，即协作精神和团队精神，以及创造一种良好的氛围，以使人们能够自由地表达个人的观点的能力；规划决策才能：从全局出发，认清决定形势的重要因素，理解这些因素之间的关系的能力；分析问题、解决问题的能力：以有利于阻止利益的种种方式解决问题的能力，特别是在组织高层中，管理人员不应仅仅是发现问题，还必须具备能够依据所面临问题的现状找出解决问题的方法的能力。一般来讲，人际交往才能对每一层次的管理者都是重要的，而技术才能随着组织层次的上升，比重相对变得较小，规划决策和分析问题、解决问题的才能随组织层次的上升比重变得相对较小，而规划决策和分析问题、解决问题的才能随着组织层次的上升变得相对较大。

其表现形式主要有：对企业重大方案的决策能力；对企业内部管理的调控能力；对企业员工的统率能力和感召能力；对相关知识的运用能力；对市场风险的综合判断能力；对企业外部的协调能力；对企业在社会公众中形象的影响能力；对新知识的学习和消化能力。

因此，本文结合其他研究者对经营者人力资本的认识[1][2]，认为经营者的技能主要还包括以下几个方面。

（13）创新能力。

（14）协调能力。

（15）沟通能力。

（16）分析能力。

（17）市场应变能力。

（18）凝聚能力。

（19）学习能力。

（20）风险承受能力。

（21）洞察能力。

5.3.1.2　经营者特性要素（先天性要素、主观态度等）

（22）智商。正常的智力是经营者进行学习、工作所需的基本条件。具备较高智商的经营者能够以较高的效率进行学习、工作。相应地，在其他条件相同的情况下，具备较高智商的经营者会具有较高的人力资本。

（23）正直。经营者处于组织的高层，正直的经营者充满人格的魅力。正直

---

① 顾琴轩，周铖. 国企经营者人力资本价值评估指标：国企与外企不同视角的研究［J］. 中国人力资源开发，2004（9）：9–13.

② 罗谨琏，何昊. 经营者人力资本价值评价要素的实证分析［J］. 人类功效学，2002，8（3）：22–24.

的经营者能够产生较强的凝聚力，从而更能实现自身价值。

（24）乐观。经营者人力资本的价值不仅在于他们能够凭借自身的高存量人力资本来创造价值，经营者人力资本的价值还有很大一部分表现在激励或促进其他劳动者人力资本价值的发挥。乐观的经营者往往能够对员工所做的工作给予肯定，能够将乐观的情绪带给其他同事，这无形中能够增强自身魅力，增强自身的号召力和凝聚力，同时也会使其他劳动者在积极向上的环境中充分展示自我。

（25）职业道德。经营者的道德风险问题引发了许多学者关于公司治理问题的探讨。在企业经营中，由于委托人和代理人之间的信息不对称，以及委托人和代理人追求自身效用最大化目标的不同，经营者会存在过度消费、损害委托人利益的不道德行为。我们衡量一个人价值的高低，是要看他为社会、为人类贡献了多少，而不是看他索取了多少。显然，这些不道德行为的存在，大大降低了经营者人力资本的价值。固然，通过一系列的制度安排等治理措施，我们可以将经营者的不道德行为降低到一个狭窄的范围，但同时我们也应当看到，经营者自身的道德素质也是影响其道德行为的主要因素之一。在经营者群体中，经营者自身的职业道德素质能够使他们以企业的发展壮大为己任，将有限的生命运用到为企业谋发展、谋壮大的道路上去，将自身的人力资本价值发挥得淋漓尽致。相反，那些缺少职业道德、处处为己、只求索取的经营者给企业和社会带来了巨大的损失。近几年，我国一大批上市公司的高管落马案件不得不让我们对经营者的道德问题予以深思。

（26）勇气。事物的发展变化赋予了世界无穷的动力，正是这变化发展的力量使我们能够继往开来，创造了一个又一个的伟大奇迹。然而也正是这种伟大的力量使我们在不知不觉中变得故步自封。"存在的就是合理的，当前的就是最好的"这种思想往往使我们怀有"宁可在现在不要，也不能在未来失去"的想法。这种患得患失的思想使我们没有勇气去面对未来世界的发展、变化，结果世界只将成功赋予了充满勇气的那么一小部分人。这一小部分人中就包括经营者。经营者是商场中的将军，他们所要面临的市场环境千变万化，但是就像很难找到两根一模一样的头发一样，经营者也很难在市场中遇到相同的环境。在市场环境比较理想的时候，他们要有勇气居安思危；在市场环境不利的时候，他们要有勇气乐观奋进；在企业不适应市场需要的时候，他们要有勇气进行组织变革。如此，经营者才能在多变的市场环境中最大限度地发挥自身的聪明才智，才能创造一个又一个辉煌。

（27）责任心。经营者的责任心是经营者努力工作的自我激励，它可以节约委托人的激励成本和代理成本。在目前的市场环境中，一部分经营者存有知足常乐的思想，这对于企业的发展、社会的进步十分不利。因此，我国的经营者应当树立一种责任心，把经营企业当作自己的人生事业，通过事业的成功来获得人生价值的实现。

（28）上进心。进取心或者是执着追求的精神是成功者所必不可少的一份情感。在实际生活中我们经常会见到某些人会为了一个理想而孜孜不倦地追求，同时也会看到许多人因为一点点的满足而止步不前。竞争是社会生活中的主旋律，我们人类从生命开始的那一刻起就无时无刻不在与自然、与他人进行着竞争。如果说血肉横飞的战场是最残酷的竞技场，那么，没有硝烟的商场则是和平年代的战场。而经营者就是战场中的将军，企业就是他们的王国，他们的人力资本就是他们的武器，他们的进取心就是他们战斗的欲望，他们要带领企业在千军万马中拼杀奋斗，这才成就了一个个伟大的企业王国。试想，一个没有进取心、没有战斗欲望，一个小富即安的经营者如何才能在激烈的竞技场中生存？逆水行舟，不进则退，由此可见，一个缺乏进取心的经营者，即使握有尚方宝剑（超强人力资本），恐怕也难以在激烈的竞争中发挥自身应有的价值。经营者的上进心不仅表现为经营者将企业的发展作为自己的使命，在企业决策中，决策的基点是以企业的发展、繁荣为目标，并且经营者的上进心还能实现自我激励，激励经营者为企业的发展，为自身的事业而努力奋斗，从而最大限度地发挥自身潜力。

（29）自信。自信是经营者人格魅力的一部分。自信不仅是经营者对自身高人力资本价值的一种暗示，它还来源于经营者以往的成功经历。自信的经营者在制定决策时更加果断，行动得更加坚决，往往能够在多变的市场环境中把握住转瞬即逝的商机，从而将自身的人力资本价值发挥出来。

（30）诚信。诚信是经营者的立身之本，我国在古代就有做生意要"童叟无欺"的警示。可以说没有诚信的经营者即使在短时间内获利不菲，但是经济活动中的商业行为并非一次性交易，多次交易的结果使双方最终会互相了解。无论一个经营者的知识技能水平有多高，失去诚信的经营者最终都会因为信誉、声誉的不良而被社会淘汰。相反，经营者具有良好的信誉，他不仅会受到市场的肯定，同时投资者也会因为其诚实守信的态度而进行投资以提供进行经营的良好环境，从而促进其人力资本价值的发挥。

（31）情绪稳定。情绪稳定是反映经营者心智是否成熟的一个标志。在市场环境中，市场风险随时会考验经营者的情绪控制能力。一般来讲，情绪稳定的经营者能够以一颗理智的心去面对市场的变化，应对公司或个人所遭受到的困难，将自身人力资本的价值以一种稳定而有效的途径进行释放。而情绪不稳定的经营者很可能会因市场的波动而产生焦躁不安等情绪，在某些情况下甚至可能会做出非理智的决策，从而会影响自身人力资本的价值。

5.3.1.3　组织环境要素

（32）企业规模。对于经营者而言，不同的企业规模其价值会存在差异。一般来讲，规模小的公司，企业的市场竞争力有限，企业能够为经营者提供的资源有限，经营者团队的素质水平相对较低，这就会造成经营者人力资本价值处于相对较低的水平，反之则相反。

（33）经营者职位。经营者所处的不同职位也会影响到其人力资本价值。一般来讲，经营者的职位越高、越关键，其在公司中的责任也就越大，其人力资本的价值也就越高。

（34）职位匹配。经营者所从事的职位与其自身专长、特性是否相符也是影响经营者人力资本价值的组织要素之一。管理大师德鲁克曾经说过："不要轻易提拔一个人"。因为不同的职位所需要的才能、知识存在一定的差异，武断地提拔往往会给企业带来损失。因此经营者职位的匹配也是衡量经营者人力资本价值能否有效发挥的一个因素。

（35）产权配置（经营者持股）。经营者在企业中属于最高层次的人才，在马斯洛的需求层次中，经营者是满足了低层次需求的一类群体。一般的物质的激励并不能够有效地促进经营者积极性的发挥。经营者持股属于高层次的激励，经营者在企业经营过程中，不仅可以获得劳动报酬，还可以获得企业成长所带来的收益，实现自己的事业追求。因此，企业的产权配置是影响经营者人力资本价值发挥的一个重要因素。

（36）资源匹配。经营者从事经营所需要的物质、人力资源能否得到基本的保障也是经营者人力资本价值发挥的因素。毫无疑问，没有资源的匹配，即使一个经营者拥有很高的人力资本，其价值的发挥也会受到限制。

（37）文化适应。企业文化是一个企业长期发展所形成的，对企业员工有一定的约束和促进作用。一个经营者习惯了宽松的企业文化，转换到一种比较严肃的企业文化中，往往其价值的发挥要受到一定的限制。因此，经营者对企业文化的适应性也是限制经营者人力资本价值的一个因素。

表 5 - 1　经营者人力资本价值计量指标

指标	序号	指标	变量表示	问卷中题目
经营者人力资本存量要素	1	学历	X_1	1
	2	工作年限	X_2	2
	3	工作培训	X_3	3
	4	职称等级	X_4	4
	5	工作绩效	X_5	5
	6	任职经历	X_6	6
	7	轮岗次数	X_7	7
	8	年龄	X_8	8
	9	精力充沛	X_9	9
	10	薪酬	X_{10}	10
	11	领导能力	X_{11}	11
	12	战略决策能力	X_{12}	12
	13	创新能力	X_{13}	13
	14	协调能力	X_{14}	14
	15	沟通能力	X_{15}	15
	16	分析能力	X_{16}	16
	17	市场应变能力	X_{17}	17
	18	凝聚能力	X_{18}	18
	19	学习能力	X_{19}	19
	20	风险承受能力	X_{20}	20
	21	洞察能力	X_{21}	21

（续表）

指标	序号	指标	变量表示	问卷中题目
经营者特性要素 （先天性要素： 主观态度等）	22	智商	X_{22}	22
	23	正直	X_{23}	23
	24	乐观	X_{24}	24
	25	职业道德	X_{25}	25
	26	勇气	X_{26}	26
	27	责任心	X_{27}	27
	28	上进心	X_{28}	28
	29	自信	X_{29}	29
	30	诚信	X_{30}	30
	31	情绪稳定	X_{31}	31
组织环境要素	32	企业规模	X_{32}	32
	33	经营者职位	X_{33}	33
	34	职位匹配	X_{34}	34
	35	产权配置（经营者持股）	X_{35}	35
	36	资源匹配	X_{36}	36
	37	文化适应	X_{37}	37

5.3.2　经营者人力资本价值计量指标的因子分析

5.3.2.1　采用因子分析的缘由

因子分析是由卡尔·皮尔逊、查尔斯·斯皮尔曼和其他科学家在 20 世纪初提出来的。因子分析最早的时候在心理计量学中用来测量智力。因子分析是将多个变量综合为少数几个因子，利用少数因子说明相关变量之间复杂结构的多变量分析方法。因子分析的主要目的是用来描述隐藏在一组测量到的变量中的一些更基本的，但又无法直接测量到的隐性变量。本文之所以采用因子分析法确定经营者人力资本价值计量的指标，是由于因子分析法具有以下优点：一是因子分析通过对原始变量的标准化处理和数学变换，消除了指标间的相关影响，以及由于指标分布不同、数值本身差异造成的不可比。从数据源头保证了指标构建和价值计量的质量；二是应用因子分析法，既可避免信息量的重复，又可克服权重确定的主观性；三是因子分析法能将构成指标体系的众多原始指标所载信息浓缩并转存到因子中，并可根据实际问题所要求的精度，通过对主因子数目的控制，调整转存信息量的大小；四是利用因子分析法可以较好地解决建立指标体系全面性和独立性之间的矛盾；五是应用因子分析法，可以估计出结果的准确程度及误差的大小，通过对主因子内涵的确定，可以找出影响因素及改进的对策趋向；六是因子分析法科学性强，其数据处理全过程的电算化，可以方便地得出客观的结果，从而易于抓住主要矛盾，达到对事物质的认识，以更好地支持决策，同时也大大提高了其本身的效率。

5.3.2.2　问卷的设计、发放与回收

本文通过山东省经营者人力资本价值计量问卷调查以确定经营者人力资本价值计量的指标数据。

首先，根据前文所分析的指标要素设计问卷，通过让被调查者打分的形式获得各指标的重要性数值。具体地，在对各指标评分时，作者设计采用 7 分模糊打分法，每一道题目对应一个底层指标（见表 4 - 1）。在每一道题目后，有 7 个选项，分别代表 7 个程度。由答题人根据题目进行选择，选择第一项，则该指标得分为 7 分，选择第二项，则该指标的得分为 6 分，依次类推，直至 1 分。问卷样本请见附件。

本次调查面向的群体是企业的经营者。根据在前文中对经营者内涵的界定，经营者是指从事商品生产、经营或者提供服务的自然人、法人和其他组织。具体地，经营者是指掌握企业经营权并直接对企业经营效益负责的企业高级管理人员。因此，此次调查主要选择企业的老板和企业的 CEO 等高层管理人员及部分公司的董事人员作为调查样本。

本次调查数据的采集主要通过以下几种途径：到企业拜访请相关人员直接填写、通过企业人力资源部转交和邮寄给企业相关人员进行填写。对于少部分问卷中存在的缺损信息，作者通过电话访谈直接获得相关补充信息。在此次调查中，样本公司的性质包括国有股份有限公司和民营股份有限公司，样本公司的行业包括制造业、交通运输业、金融保险业、建筑房地产业、零售业、电信、服务业等。本次共发放问卷 130 份，共回收有效问卷 96 份，有效回收率为 73.8%。

5.3.2.3　经营者人力资本存量要素的因子分析

根据前文中对经营者人力资本价值产生模式的分析，同时也为了保障能够从样本中提取足量因子，本文在具体进行因子分析时，分别对经营者人力资本存量要素和经营者特性要素、组织环境要素进行因子分析。首先将回收的调查问卷中有关经营者人力资本存量要素的数据录入进行因子分析，然后将问卷中有关经营者特性、组织环境部分的数据录入进行因子分析。在进行因子分析时，采用SPSS12.0统计分析软件。

（1）经营者知识、经验、健康等存量要素的因子分析。在进行相关矩阵检验时采取 KMO 样本测度和巴特利特球体检验法；在提取初始因子时采用主成分法，因子提取的原则为特征值大于 1；在进行因子旋转时，采用方差最大旋转法。

数据录入后，运用 SPSS12.0 软件进行统计分析，KMO 样本测度的结果为KMO 值等于 0.703。一般来说，当 KMO 样本测度大于 0.7 的时候，表明变量之间的相关性较强，比较适合做因子分析；巴特利特球体（Bartlett）检验统计值的显著性概率输出结果为 0.000 <1%，表明数据适合采用因子分析的方法进行统计分析。分析结果见表 5 - 2。

表 5 - 2　KMO 样本测度和巴特利特球体检验

KMO 样本测度		0.703
巴特利特球体检验	显著性	0.000

为了能够更好地解释公共因子，本文对载荷矩阵进行旋转，使因子负荷两极分化，要么接近 0，要么接近 1。在因子荷重矩阵中，本文选取那些荷重较大的原始指标作为对应因子的代表性指标。相应地，本文选取工作年限、轮岗、任职经历、工作培训、工作绩效指标作为因子 1 的代表性指标；我们选取年龄、精力充沛、薪酬指标旋转后载荷矩阵见表 5 - 3。作为因子 2 的代表性指标；本文选取学历、职称等级作为因子 3 的代表性指标。

表 5 – 3　旋转后的经营者人力资本价值知识、健康存量要素因子载荷矩阵

	要素因子		
	1	2	3
学历 X_1	– 0.072	– 0.114	0.751
工作年限 X_2	0.681	– 0.128	– 0.158
工作培训 X_3	0.634	0.087	– 0.028
职称等级 X_4	– 0.147	0.154	0.616
工作绩效 X_5	0.641	– 0.015	– 0.377
任职经历 X_6	0.637	– 0.401	0.136
轮岗次数 X_7	– 0.570	– 0.206	0.132
年龄 X_8	– 0.028	0.704	– 0.228
精力充沛 X_9	0.394	0.615	0.159
薪酬 X_{10}	– 0.126	0.717	0.202

　　在因子 1 中，经营者的工作年限、轮岗、任职经历、工作培训、工作绩效指标表现了与经营者工作经验相关的要素，本文将其称为工作经验因子，其方差贡献率为 23.97%；在因子 2 中，经营者的年龄、精力充沛、薪酬指标表现了与经营者健康相关的要素，本文将其称为健康因子，其方差贡献率为 16.46%；在因子 3 中，经营者的学历、职称等级表现了与经营者的受教育程度相关的要素，本文将其称为教育程度因子，其方差贡献率为 10.79%。这三个因子能反映原来 10 个指标所描述特征的 51.23%。因子方差分析见表 5 – 4。

表 5 – 4　因子方差分析表

要素因子	初始特征值			因子提取后平方和		
	总计	方差	累积分布比例（%）	总计	方差	累积分布比例（%）
1	2.397	23.971	23.971	2.397	23.971	23.971
2	1.646	16.461	40.432	1.646	16.461	40.432
3	1.080	10.798	51.230	1.080	10.798	51.230
4	0.925	9.249	60.479			
5	0.842	8.422	68.901			
6	0.793	7.931	76.832			

（续表）

要素因子	初始特征值			因子提取后平方和		
	总计	方差	累积分布比例（%）	总计	方差	累积分布比例（%）
7	0.650	6.505	83.337			
8	0.614	6.141	89.477			
9	0.539	5.389	94.866			
10	0.513	5.134	100.000			

根据因子协方差矩阵可知，三个主要因子已经相互正交，这三个因子在衡量经营者知识、健康存量时已经没有重复信息，因此，没有必要进行第二次因子分析。

表 5 - 5　因子协方差矩阵

要素因子	1	2	3
1	1.000	0.000	0.000
2	0.000	1.000	0.000
3	0.000	0.000	1.000

根据用因子分析法对经营者人力资本知识、健康存量要素指标的分析，得出影响经营者人力资本知识、健康的三个主要因子。根据在因子分析中得到的因子系数得分矩阵表，见表 5 - 6 通过归一化处理，对这三个因子构成指标赋予权重。

经营者工作经验因子（$F_{工作经验}$）= 21 工作年限（X_2）+ 21.2（X_3）工作培训 + 17.1 工作绩效（X_5）+ 22.8 任职经历（X_6）- 17.9 轮岗次数（X_7）

经营者健康因子（$F_{健康}$）= 34.6 年龄（X_8）+ 30.5 精力充沛（X_9）+ 34.9 薪酬（X_{10}）

经营者教育程度因子（$F_{教育程度}$）= 55.8 学历（X_1）+ 44.2 职称等级（X_4）

表 5 - 6　因子得分系数矩阵

	要素因子		
	1	2	3
学历 X_1	0.096	- 0.078	0.630
工作年限 X_2	0.304	- 0.066	- 0.013
工作培训 X_3	0.307	0.062	0.087

（续表）

	要素因子		
	1	2	3
职称等级 X_4	0.039	0.085	0.499
工作绩效 X_5	0.248	0.004	− 0.209
任职经历 X_6	0.330	− 0.235	0.233
轮岗次数 X_7	− 0.259	− 0.135	0.014
年龄 X_8	− 0.044	0.428	− 0.208
精力充沛 X_9	0.230	0.377	0.199
薪酬 X_{10}	− 0.016	0.431	0.142

　　（2）经营者所需技能存量要素的因子分析。在进行相关矩阵检验时采取 KMO 样本测度和巴特利特球体检验法；在提取初始因子时采用主成分法，因子提取的原则为特征值大于 1；在进行因子旋转时，采用方差最大旋转法。结果显示：KMO 值为 0.713 > 0.7，表明变量之间的相关性较强，比较适合做因子分析；巴特利特球体检验的统计值的显著性概率输出结果为 0.007 < 1%，表明数据适合采用因子分析的方法进行统计分析。其分析结果见表 5 - 7。

表 5 - 7 　 KMO 样本测度和巴特利特球体检验

KMO 样本测度		0.713
巴特利特球体检验	显著性	0.007

　　在因子荷重矩阵中，本文选取那些荷重较大的原始指标作为对应因子的代表性指标。创新能力、沟通能力、学习能力、洞察能力指标作为因子 1 的代表性指标；协调能力和市场分析能力、市场应变能力指标作为因子 2 的代表性指标；领导能力和凝聚能力指标作为因子 3 的代表性指标；战略决策能力指标作为因子 4 的代表性指标见表 5 - 8 和表 5 - 9。在因子 1 中，经营者的创新能力、沟通能力、学习能力、洞察能力表现了与经营者创新相关的能力要素，称之为创新能力因子，其方差贡献率为 20.61%；在因子 2 中，经营者的协调能力、

分析能力、市场应变能力表现了与经营者对市场变化的适应能力要素，称之为市场应变因子，其方差贡献率为13.20%；在因子3中，经营者的领导能力、凝聚能力表现了与经营者决策相关的要素，称之为领导品质因子，其方差贡献率为10.36%。在因子4中，经营者的战略决策能力表现了与经营者战略决策相关的要素，称之为战略决策因子，其方差贡献率为9.10%。这四个因子能反映原来11个指标所描述特征的53.28%。

表5-8 旋转后的经营者技能要素因子载荷矩阵

	要素因子			
	1	2	3	4
领导能力 X_{11}	-0.234	0.013	0.679	0.043
战略决策能力 X_{12}	-0.079	-0.173	0.064	0.842
创新能力 X_{13}	0.651	0.089	-0.212	0.070
协调能力 X_{14}	-0.008	0.707	-0.147	-0.064
沟通能力 X_{15}	-0.714	0.119	0.064	0.030
分析能力 X_{16}	0.100	0.520	0.233	-0.354
市场应变能力 X_{17}	-0.032	0.697	0.012	-0.036
凝聚能力 X_{18}	0.104	-0.050	0.754	-0.007
学习能力 X_{19}	0.653	0.024	0.163	-0.072
风险承受能力 X_{20}	0.302	0.491	0.009	0.449
洞察能力 X_{21}	-0.578	-0.441	0.074	-0.015

表5-9 因子方差分析表

要素因子	初始特征值			因子提取后平方和		
	总计	方差	累积分布比例（%）	总计	方差	累积分布比例（%）
1	2.267	20.612	20.612	2.267	20.612	20.612
2	1.452	13.201	33.813	1.452	13.201	33.813
3	1.140	10.363	44.176	1.140	10.363	44.176
4	1.001	9.100	53.276	1.001	9.100	53.276
5	0.956	8.689	61.965			
6	0.856	7.786	69.751			

（续表）

要素因子	初始特征值			因子提取后平方和		
	总计	方差	累积分布比例（%）	总计	方差	累积分布比例（%）
7	0.742	6.743	76.493			
8	0.693	6.298	82.792			
9	0.659	5.990	88.781			
10	0.633	5.756	94.537			
11	0.601	5.463	100.000			

根据因子协方差矩阵见表 5-10 可知，四个主要因子已经相互正交，这四个因子在衡量经营者知识、健康存量时已经没有重复信息，因此，没有必要进行第二次因子分析。

表 5-10　因子协方差矩阵

要素因子	1	2	3	4
1	1.000	0.000	0.000	0.000
2	0.000	1.000	0.000	0.000
3	0.000	0.000	1.000	0.000
4	0.000	0.000	0.000	1.000

根据用因子分析法对经营者人力资本中经营者技能存量要素指标的分析，得出影响经营者人力资本中技能存量的四个主要因子。根据在因子分析中得到的因子系数得分矩阵表（见表 5-11），通过归一化处理，可以对这四个因子构成指标赋予权重。

经营者创新能力因子（$F_{创新}$）= 24.2 创新能力（X_{13}）- 29.8 沟通能力（X_{15}）+ 27.3 学习能力（X_{19}）- 18.7 洞察能力（X_{21}）

经营者市场应变能力因子（$F_{市场应变}$）= 37.9 协调能力（X_{14}）+ 24.1 分析能力（X_{16}）+ 38 市场应变能力（X_{17}）

经营者领导能力因子（$F_{领导}$）= 46.2 领导能力（X_{11}）+ 53.8 凝聚能力（X_{18}）

经营者战略决策能力因子（$F_{决策}$）= 100 战略决策能力（X_{12}）

表5-11　因子得分系数矩阵

	要素因子			
	1	2	3	4
领导能力 X_{11}	-0.083	0.049	0.560	0.059
战略决策能力 X_{12}	-0.038	-0.013	0.059	0.798
创新能力 X_{13}	0.343	-0.030	-0.127	0.056
协调能力 X_{14}	-0.113	0.429	-0.122	0.005
沟通能力 X_{15}	-0.422	0.176	-0.001	0.060
分析能力 X_{16}	0.013	0.273	0.205	-0.290
市场应变能力 X_{17}	-0.113	0.430	0.012	0.034
凝聚能力 X_{18}	0.127	-0.041	0.651	-0.004
学习能力 X_{19}	0.387	-0.082	0.190	-0.082
风险承受能力 X_{20}	0.094	0.304	0.041	0.473
洞察能力 X_{21}	-0.264	-0.192	0.014	-0.041

5.3.2.4　经营者个性要素的因子分析

在进行相关矩阵检验时采取 KMO 样本测度和巴特利特球体检验法；在提取初始因子时采用主成分法，因子提取的原则为特征值大于1；在进行因子旋转时，采用方差最大旋转法。结果显示：KMO 值为 0.721 > 0.7，表明变量之间的相关性较强，比较适合做因子分析；巴特利特球体检验的统计值的显著性概率输出结果为 0.000 < 1%，表明数据适合采用因子分析的方法进行统计分析。其分析结果见表 5-12。

表5-12　KMO 样本测度和巴特利特球体检验

KMO 样本测度		0.721
巴特利特球体检验	显著性	0.000

在因子荷重矩阵中，本文选取正直、诚信、自信指标作为因子1的代表性指标；勇气和情绪稳定指标作为因子2的代表性指标；乐观和责任心指标作为因子3的代表性指标；职业道德指标作为因子4的代表性指标。

在因子 1 中，经营者的正直、乐观和自信表现了与经营者个人魅力相关的品质要素，称之为个人魅力因子，其方差贡献率为 24.51%；在因子 2 中，经营者的勇气、情绪稳定表现了与经营者情绪相关的品质要素，称之为情绪品质因子，其方差贡献率为 14.23%；在因子 3 中，经营者的诚信、责任心表现了与经营者责任心相关的要素，称之为责任品质因子，其方差贡献率为 12.12%。在因子 4 中，经营者的职业道德要素，称之为职业道德品质因子，其方差贡献率为 10.16%。这四个因子能反映原来 10 个指标所描述特征的 61.02%，见表 5 – 13 和表 5 – 14。

表 5 – 13　旋转后的经营者个性要素因子载荷矩阵

	要素因子			
	1	2	3	4
智商 X_{22}	− 0.282	− 0.405	− 0.330	− 0.154
正直 X_{23}	0.823	− 0.110	0.010	0.016
乐观 X_{24}	0.832	− 0.040	− 0.066	− 0.029
职业道德 X_{25}	− 0.005	− 0.008	0.020	0.942
勇气 X_{26}	0.013	0.732	− 0.004	0.079
责任心 X_{27}	0.019	0.395	0.630	− 0.148
上进心 X_{28}	0.373	− 0.377	0.485	− 0.150
自信 X_{29}	0.821	0.028	0.096	0.027
诚信 X_{30}	− 0.103	− 0.161	0.734	0.152
情绪稳定 X_{31}	− 0.241	0.636	− 0.090	− 0.200

表 5 – 14　因子方差分析表

要素因子	初始特征值			因子提取后平方和		
	总计	方差	累积分布比例（%）	总计	方差	累积分布比例（%）
1	2.451	24.506	24.506	2.451	24.506	24.506
2	1.423	14.232	38.738	1.423	14.232	38.738
3	1.212	12.122	50.861	1.212	12.122	50.861
4	1.016	10.158	61.019	1.016	10.158	61.019
5	0.855	8.548	69.566			
6	0.821	8.208	77.775			

（续表）

要素因子	初始特征值			因子提取后平方和		
	总计	方差	累积分布比例（%）	总计	方差	累积分布比例（%）
7	0.710	7.104	84.879			
8	0.662	6.621	91.499			
9	0.444	4.443	95.942			
10	0.406	4.058	100.000			

由因子协方差矩阵可知，四个主要因子已经相互正交，这四个因子在衡量影响经营者人力资本价值的个性要素时已经没有重复信息，因此，没有必要进行第二次因子分析。

表 5 - 15　因子协方差矩阵

要素因子	1	2	3	4
1	1.000	0.000	0.000	0.000
2	0.000	1.000	0.000	0.000
3	0.000	0.000	1.000	0.000
4	0.000	0.000	0.000	1.000

根据用因子分析法对经营者人力资本价值中经营者个性要素指标的分析，得出影响经营者人力资本中价值个性要素的四个主要因子。根据在因子分析中得到的因子系数得分矩阵表，通过归一化处理（见表 5 - 15），可以对这四个因子构成指标赋予权重（见表 5 - 16）。

经营者个人魅力因子（$F_{个人魅力}$）= 32.8 正直（X_{23}）+ 34.2 乐观（X_{24}）+ 33 自信（X_{29}）

经营者情绪品质因子（$F_{情绪}$）= 54.9 勇气（X_{26}）+ 45.1 情绪稳定（X_{31}）

经营者责任品质因子（$F_{责任}$）= 45.3 责任心（X_{27}）+ 54.7 诚信（X_{30}）

经营者职业道德品质因子（$F_{职业道德}$）= 100 职业道德（X_{25}）

表 5 – 16　因子得分系数矩阵

	要素因子			
	1	2	3	4
智商 X_{22}	– 0. 127	– 0. 303	– 0. 218	– 0. 151
正直 X_{23}	0. 359	– 0. 013	– 0. 065	0. 008
乐观 X_{24}	0. 375	0. 038	– 0. 127	– 0. 031
职业道德 X_{25}	– 0. 009	0. 019	– 0. 010	0. 919
勇气 X_{26}	0. 063	0. 521	– 0. 028	0. 097
责任心 X_{27}	– 0. 018	0. 258	0. 487	– 0. 151
上进心 X_{28}	0. 094	– 0. 257	0. 364	– 0. 172
自信 X_{29}	0. 361	0. 082	– 0. 001	0. 021
诚信 X_{30}	– 0. 127	– 0. 140	0. 589	0. 124
情绪稳定 X_{31}	– 0. 049	0. 428	– 0. 063	– 0. 174

5.3.2.5　组织环境要素因子分析

在进行相关矩阵检验时采取 KMO 样本测度和巴特利特球体检验法；在提取初始因子时采用主成分法，因子提取的原则为特征值大于 1；在进行因子旋转时，采用方差最大旋转法。实证结果显示：KMO = 0.710 > 0.7，表明变量之间的相关性较强，比较适合做因子分析；巴特利特球体检验统计值的显著性概率输出结果为 0.000 < 1%，表明数据适合于采用因子分析的方法进行统计分析。其分析结果见表 5 – 17。

表 5 – 17　KMO 样本测度和巴特利特球体检验

KMO 样本测度		0. 710
巴特利特球体检验	显著性	0. 000

在因子荷重矩阵（Fac – torMatrix）中，本文选取经营者职位、经营者持股、职位匹配指标作为因子 1 的代表性指标；选取团队协作、文化适应作为因子 2 的代表性指标；选取企业规模作为因子 3 的代表性指标。

在因子 1 中，经营者持股、经营者职位、职位匹配指标主要表现了与经营者人力资本价值相关的经营者权力要素，称之为经营者权力因子，其方差贡献率为34.76%；在因子2中，经营者职位匹配、经营者团队协作表现了与经营者人力资本价值相关的企业协作性要素，称之为企业协作因子，其方差贡献率为17.05%；在因子3中，企业规模指标表现了与经营者人力资本价值相关的企业规模要素，称之为企业规模因子，其方差贡献率为16.7%。这三个因子能反映原来6个指标所描述特征的68.51%。见表5-18和表5-19。

表5-18　旋转后的组织环境要素因子载荷矩阵

	要素因子		
	1	2	3
企业规模 X_{32}	0.037	0.015	0.980
经营者职位 X_{33}	0.691	0.336	0.095
职位匹配 X_{34}	0.819	-0.159	-0.024
产权配置（经营者持股）X_{35}	0.713	0.319	0.023
资源配置 X_{36}	-0.092	-0.786	0.138
文化适应 X_{37}	0.138	0.740	0.174

表5-19　因子方差分析表

要素因子	初始特征值			因子提取后平方和		
	总计	方差	累积分布比例（%）	总计	方差	累积分布比例（%）
1	2.085	34.756	34.756	2.085	34.756	34.756
2	1.023	17.052	51.808	1.023	17.052	51.808
3	1.002	16.700	68.508	1.002	16.700	68.508
4	0.705	11.754	80.261			
5	0.647	10.792	91.053			
6	0.537	8.947	100.000			

根据因子协方差矩阵可知，这三个主要因子已经相互正交，见表5-20这三个因子在衡量影响经营者人力资本价值的组织环境要素时已经没有重复信息，因此，没有必要进行第二次因子分析。

表 5 - 20　　因子协方差矩阵

要素因子	1	2	3
1	1.000	0.000	0.000
2	0.000	1.000	0.000
3	0.000	0.000	1.000

根据用因子分析法对经营者人力资本价值中组织环境要素指标的分析，得出影响经营者人力资本价值组织环境要素的三个主要因子。见表 5 - 21 根据在因子分析中得到的因子系数得分矩阵表，见表 5 - 6 通过归一化处理，可以对这两个因子构成指标赋予权重。

经营者权力因子($F_{权力}$) = 27.7 经营者职位(X_{33}) + 29.3 产权配置（经营者持股）(X_{35}) + 53 职位匹配(X_{34})

企业协作因子($F_{企业协作}$) = 52.5 资源匹配(X_{36}) + 47.5 文化适应(X_{37})

企业规模因子($F_{企业规模}$) = 100 企业规模(X_{32})

表 5 - 21　　因子得分系数矩阵

	要素因子		
	1	2	3
企业规模 X_{32}	-0.032	-0.031	0.967
经营者职位 X_{33}	0.377	0.102	0.045
职位匹配 X_{34}	0.586	-0.320	-0.062
产权配置（经营者持股）X_{35}	0.399	0.086	-0.027
资源匹配 X_{36}	0.117	0.611	0.170
文化适应 X_{37}	-0.092	0.552	0.138

通过对因子分析，本文得到了解释经营者人力资本价值的 14 个因子，以及这些因子与其构成指标之间的定量关系。具体地，这些因子及因子与其构成指标之间的定量关系如下：

（1）经营者工作经验因子($F_{工作经验}$) = 21 工作年限(X_2) + 21.2(X_3)工作培训 + 17.1 工作绩效(X_5) + 22.8 任职经历(X_6) - 17.9 轮岗次数(X_7)；

（2）经营者健康因子($F_{健康}$) = 34.6 年龄(X_8) + 30.5 精力充沛(X_9) + 34.9

薪酬(X_{10})；

（3）经营者教育程度因子（$F_{教育程度}$）＝55.8 学历（X_1）＋44.2 职称等级（X_4）；

（4）经营者创新能力因子（$F_{创新}$）＝24.2 创新能力（X_{13}）－29.8 沟通能力（X_{15}）＋27.3 学习能力（X_{19}）－18.7 洞察能力（X_{21}）；

（5）经营者市场应变能力因子（$F_{市场应变}$）＝37.9 协调能力（X_{14}）＋24.1 分析能力（X_{16}）＋38 市场应变能力（X_{17}）；

（6）经营者领导能力因子（$F_{领导}$）＝46.2 领导能力（X_{11}）＋53.8 凝聚能力（X_{18}）；

（7）经营者战略决策能力因子（$F_{决策}$）＝100 战略决策能力（X_{12}）；

（8）经营者个人魅力因子（$F_{个人魅力}$）＝32.8 正直（X_{23}）＋34.2 乐观（X_{24}）＋33 自信（X_{29}）；

（9）经营者情绪品质因子（$F_{情绪}$）＝54.9 勇气（X_{26}）＋45.1 情绪稳定（X_{31}）；

（10）经营者责任品质因子（$F_{责任}$）＝45.3 责任心（X_{27}）＋54.7 诚信（X_{30}）；

（11）经营者职业道德品质因子（$F_{职业道德}$）＝100 职业道德（X_{25}）；

（12）经营者权力因子（$F_{权力}$）＝27.7 经营者职位（X_{33}）＋29.3 产权配置（经营者持股）（X_{35}）＋53 职位匹配（X_{34}）；

（13）企业协作因子（$F_{企业协作}$）＝52.5 资源匹配（X_{36}）＋47.5 文化适应（X_{37}）；

（14）企业规模因子（$F_{企业规模}$）＝100 企业规模（X_{32}）。

5.4　经营者人力资本价值计量模型的构建

5.4.1　经营者人力资本价值因子权重确定方法

本文通过因子分析，实现了用一组新的互不相关的数量指标来代替原来较多的指标。

目前，对于不相关因子间权重向量的计算方法，比较成熟的方法是采用层次分析法。层次分析法，简称 AHP 法（Analytical Hierarchy Process），是美国著名的运筹学专家 T. L. Saaty 在 20 世纪 70 年代初提出的一种多准则决策方法。这是一种综合定性和定量的分析方法，可以将人的主观判断标准用来处理一些多因素、多目标、多层次复杂问题。

运用 AHP 法解决问题，大体可以分为四个步骤：第一步，建立问题的递阶层次结构模型；第二步，构造两两比较判断矩阵；第三步，由判断矩阵计算被计较元素相对权重（层次单排序）；第四步，计算各层元素的组合权重（层次总排序）。

由于层次分析法是一种有效的权重确定方法，在一些相关的人力资本价值研究中，它也得到了比较广泛的肯定。层次分析法的关键是建立一个群判断标度系统，这一系统是专家对评价因素进行两两比较、确定评价指标重要性程度的依据。因此，标度的选择对于判断矩阵的确立及指标重要性排序有至关重要的影响。目前在人力资本价值计量中，普遍使用的标度是由 Saaty 教授首次提出的 1~9 标度。虽然这种标度方法简单易用，但在现实应用中却不准确。由于标度是定量人们定性判断的一种尺度，是反映人们判断意识的一种定量表现，因此，它并不仅仅是赋予每个重要程度的定性表现一个简单的定量数值，更重要的是其定量值也应符合各个定性的重要程度之间的相互关系。这是评价标度合理与否的关键之处。国内外许多学者对层次分析法的判断矩阵标度进行了研究，结果证实指数标度和分数标度较之其他标度能更客观、合理地反映人们的判断。① 本文采用分数标度构造判断矩阵，见表 5 – 22，并在此基础上确定经营者人力资本各因子的贡献。

表 5 – 22　标度表达式表

重要程度	同等重要	稍微重要	明显重要	非常重要	绝对重要	表达式
级别（k）	1	3	5	7	9	k
1~9 标度 a_{ij} 值	1	3	5	7	9	k
分数标度 a_{ij} 值	1	9/7	9/5	9/3	9/1	9/（10—k）

注：2，4，6，8 为对应上述程度的中间 k 值

---

① 张绮，西村昂. 提高层次分析法评价精度的几种方法［J］. 系统工程理论与实践，1997（11）：29 – 35.

在之前我们对经营者人力资本价值影响进行因子分析的基础上，我们构建了经营者人力资本价值层次结构模型，如图 5-1 所示：

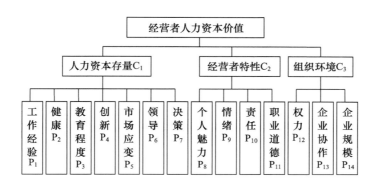

图 5-1　经营者人力资本价值层次结构模型

5.4.2　问卷的设计与发放

在问卷设计上，本文采用分数标度法，通过专家对各因素两两的对比打分从而获得相应的比较数据。

作者此次设计的《经营者人力资本价值计量专家调查问卷》（见附录）的基本形式为封闭性自填问卷。它主要包括以下部分的内容。一是对问卷的背景进行介绍。主要向被试专家介绍该问卷的目的、意义，简要地介绍了与经营者人力资本价值计量相关的主要因子。二是确定主要统计各专家基本资料，包括各专家的性别、年龄、学历等。三是问卷正文。问卷的正文包括三个准则指标相互之间重要性的比较及准则层下各因子指标间的相互比较。问卷正文一共包括 33 道题目。四是结束语。表达对问卷调查对象的感谢。

在问卷的发放上，为了能够保证获得可观、公正的调查结果，本文本次所选的专家主要考虑以下因素。

（1）专家的结构。专家的结构构成不仅要包括学术机构（高等学校和科研机构）还应包括企业的经营者等专家，力求使专家群能够覆盖较广的领域。

（2）专家的素质。专家应当是从事人力资本或相关领域的研究，有一定的研究成果或者是从事企业生产经营多年，具备一定影响力的企业经营人员。

本着上述考虑，本次问卷的主要发放对象为高校中进行人力资本（资源/资产）研究的教授、副教授、博士研究生以及企业中的高层管理人员、董事会成员。本次研究共发放问卷 60 份，专家样本统计情况请见表 5 – 23：

表 5 – 23　专家样本情况统计表

		人数	比例
性别	男	48	80%
	女	12	20%
年龄（岁）	30 ~ 39	8	13%
	40 ~ 49	42	70%
	50 ~ 60	10	17%
学历	硕士以下	15	25%
	硕士	5	8.3%
	博士	40	66.7%
工作性质	教授、副教授、博士生	40	66.7%
	企业高管	12	20%
	董事	8	13.3%

5.4.3　统计结果的分析计算

采用层次分析法，主要包括以下步骤：

第一步，根据经营者人力资本价值模型表示的层次和元素之间的关系，构造由某元素与相邻层有联系的所有元素的比较判断矩阵，准则层的比较判断矩阵见表 5 – 24：

表 5 – 24　两两比较判断矩阵

A	资本存量 C_1	经营者特性 C_2	组织环境 C_3
人力资本存量 C_1	a_{11}	a_{12}	a_{13}
经营者特性 C_2	a_{21}	a_{22}	a_{23}
组织环境 C_3	a_{31}	a_{32}	a_{33}

按照两两比较结构构成的矩阵 $A = [a_{ij}]$ 为判断矩阵，它具有如下性质：$a_{ij} > 0$，$a_{ii} = a_{jj} = 1$，$a_{ij} = 1/a_{ji}$，该矩阵 A 又称为正的互反矩阵。

第二步，本文通过计算比较判断矩阵的特征向量和最大特征根 $\lambda\max$ 来确定元素间的相对重要性排序权重。本文采用方根法，对判断矩阵进行分析，计算出矩阵的特征向量，其步骤为：

（1）计算矩阵 A 中每一行元素的乘积 Mi。

$$M_i = \prod_{i=1}^{n} aij \, (i = 1, 2, \cdots, n)$$

（2）计算 M_i 的 n 次方根 $\overline{W_i}$。

$$\overline{W_i} = \sqrt[n]{M_i} \ (i = 1, 2, \cdots, n)$$

（3）对向量 $W_i = (\overline{W_1}, \overline{W_2}, \overline{W_3}, \cdots, \overline{W_n})^T$ 进行规范化处理，即使

$$W_i = \frac{\overline{W_i}}{\sum_{i=1}^{n} \overline{W_i}} (i = 1, 2, \cdots, n)$$

则，$W_i = (W_1, W_2, W_3, \cdots, W_n)^T$ 即为判断矩阵的特征向量。

（4）计算判断矩阵的最大特征根 $\lambda\max$。

$$\lambda\max = \sum_{i=1}^{n} \frac{(AW)_i}{nW_i}$$

式子中，$(AW)_i$ 同样表示向量 AW 的第 i 个元素。

第三步，进行一致性检验，确定取舍。

判断矩阵的不一致性，究其产生原因，主要有两个，一是专家在进行两两比较时的价值取向和定级技巧，二是重要性等级赋值的非等比性。[①] 上述排序权重由经验和判断形成的比较判断矩阵计算得到，主观的经验和判断是否有可观的一致性（不致出现相互矛盾），即排序权重是否有满足性要求，必须进行检验。检验的方法分三步进行。

（1）计算一致性指标 CI。

$$CI = \frac{\lambda\max - n}{n - 1}$$

---

①　秦寿康等．综合评价原理与应用［M］．北京：电子工业出版社，2003：36.

式中：λmax——比较判断矩阵的最大特征根；

　　　n——比较判断矩阵的阶数。

（2）根据比较判断矩阵阶数 n，查出平均随机一致性指标 RI，见表 5 - 25。

表 5 - 25　平均随机一致性指标表

矩阵阶数	1	2	3	4	5	6	7	8	9
RI 值	0.00	0.00	0.58	0.90	1.12	1.24	1.32	1.41	1.45

$$CR = CI/RI$$

（3）计算一致性比率 CR。

当 $CR < 0.1$ 时，认为比较判断矩阵具有满意的一致性。可以接受排序权重。

第四步，组合权重计算。

进行各层次元素的组合权重计算，得到层次结构中各层次所有元素对总目标的相对权重。步骤是由上至下逐层进行，每一步的结果都需要进行一致性检验。

假设已经计算出第 $k - 1$ 层各元素相对总目标的组合排序权重向量为：

$$a^{k-1} = (a_1^{k-1}, \ a_2^{k-1}, \ \cdots, \ a_n^{k-1})^T$$

第 k 层对 $k - 1$ 层第 j 个元素作为准则下各元素的排序权重向量为：

$$b^{k-1} = (b_{11}^{k-1}, \ b_{21}^{k-1}, \ \cdots, \ b_{m1}^{k-1})^T$$

合并构成矩阵 $B^k = (b_1^k, \ b_2^k, \ \cdots, \ b_n^k)$

则第 k 层的各元素相对于总目标的总排序（或称组合排序向量）由下式计算：$a^k = B^k \times a^{k-1}$，见表 5 - 26：

表 5 - 26　第 k 层的各元素相对于总目标的总排序

k 层因素 ╲ $k - 1$ 层因素	A_1 a_1^{k-1}	A_2 a_2^{k-1}	$\cdots$ Am	$\cdots$ a_m^{k-1}	层次总排序权值
B_1	b_{11}^k	b_{12}^k	$\cdots$	b_{1m}^k	$\sum\limits_{j=1}^m a_j^{k-1} b_{1j}^k$
B_2	b_{21}^k	b_{22}^k	$\cdots$	b_{2m}^k	$\sum\limits_{j=1}^m a_j^{k-1} b_{2j}^k$
$\cdots$	$\cdots$	$\cdots$	$\cdots$	$\cdots$	$\cdots$
B_n	b_{n1}^k	b_{n2}^k	$\cdots$	b_{nm}^k	$\sum\limits_{j=1}^m a_j^{k-1} b_{nj}^k$

对于总排序权重的一致性检验，也需要类似逐层计算 CI，若分别得到了第 $k-1$ 层的计算结果 CI^{k-1} 核查表结果 RI^{k-1}，则相应的第 k 层指标为：

$$CI^k = (CI_1^{k-1}, CI_2^{k-1}, \cdots, CI_n^{k-1})a^{k-1}$$

$$RI^k = (RI_1^{k-1}, RI_2^{k-1}, \cdots, RI_n^{k-1})a^{k-1}$$

第 k 层总排序一致性比率：

$$CR^k = \frac{CI^k}{RI^k}$$

同样，当 $CR^k < 0.1$，认为 k 层对总目标的排序权重具有满意的一致性，可以接受。

通过一致性检验，舍去样本中不符合要求的样本数据。在本次调查中，本文通过一致性检验共获得有效样本 46 份。

第五步，用权重向量综合法（几何平均 $W_i = \sqrt[n]{W_{11} \times \cdots \times W_{n1}}$；（$i = 1$，$\cdots$，14））求多人同准则下判断矩阵的权重向量，并最终求出合成的权重向量。

通过对问卷数据的分析计算，作者计算出经营者人力资本各因子的权重分别为：$W_1 = 0.157$；$W_2 = 0.125$；$W_3 = 0.085$；$W_4 = 0.066$；$W_5 = 0.061$；$W_6 = 0.092$；$W_7 = 0.101$；$W_8 = 0.059$；$W_9 = 0.021$；$W_{10} = 0.05$；$W_{11} = 0.036$；$W_{12} = 0.076$；$W_{13} = 0.06$；$W_{14} = 0.011$；

由此，本文得出经营者人力资本价值计量模型：

$$\text{HCSDO} = 0.157\text{F}_{工作经验} + 0.125\text{F}_{健康} + 0.085\text{F}_{教育程度} + 0.066\text{F}_{创新} + 0.061\text{F}_{市场应变} + 0.092\text{F}_{领导} + 0.101\text{F}_{决策} + 0.059\text{F}_{个人魅力} + 0.021\text{F}_{情绪} + 0.05\text{F}_{责任} + 0.036\text{F}_{职业道德} + 0.076\text{F}_{权力} + 0.06\text{F}_{企业协作} + 0.011\text{F}_{企业规模}。$$

5.5　经营者人力资本价值计量模型的信度和效度检验

5.5.1　信度和效度的检验方法概述

经营者人力资本价值计量模型的信度与效度分别是指根据经营者人力资本价

值计量模型计算所得到的经营者人力资本价值的可信程度和有效程度。

通过前文所得到的经营者人力资本价值计量模型计算得到的经营者人力资本价值反映的是经营者人力资本的测量值，可以用 V 表示。它实际上是由客观存在的"真实值"（用 T 表示）和有系统误差引起的，在测量中可以避免或减少的系统偏差（S）以及由随机原因引起的，在测量中无法避免的测量误差（I）所组成。

即：$V = T + S + I$

由于系统误差难以分解，因此我们可以将 S 划归到真实值 T 中，就得到简化的式子：

$V = T + I$

由于测量误差 I 是由随机因素引起的，因此，在样本容量足够大的时候，它的值趋向于零，即当样本容量足够大的时候，它的数学期望为 0，由于 T 和 I 相互独立，因此，可以得到如下关系式：

$E(V) = E(T)$

$\sigma_V^2 = \sigma_T^2 + \sigma_I^2$

因此，可以用真实值与测量值的方差之比 $\dfrac{\sigma_T^2}{\sigma_V^2}$ 或 $1 - \dfrac{\sigma_I^2}{\sigma_V^2}$ 来反映模型的稳定性和可靠性。

在具体进行模型的信度和效度检测时，可以用样本平均值接近总体平均值的程度来表示信度，用样本的方差来表示效度。

在本文中，采用样本差异检验法对经营者人力资本价值计量模型进行信度检验。其基本方法如下：在相同的时间内，由 n 个被访者，对相同的对象，采用同样的问卷对问卷中的每个问题进行重复测评，本文进行了两次测评。

第一次得分计为：X_1，X_2，$\cdots$，X_n；

第二次得分计为：Y_1，Y_2，$\cdots$，Y_n。

通过构造一个新的样本 $Z_i = X_i - Y_i$，并计算 $\bar{Z} = \dfrac{1}{n} \sum\limits_{i=1}^{n} Z_i$，

$S = \sqrt{\dfrac{1}{n-1} \sum\limits_{i=1}^{n} (Z_i - \bar{Z})^2}$

然后进行假设检验：

原假设 H_0：两次测评之间无显著差异；

备择假设 H_1：两次测评之间有显著差异。

根据 0.05 的显著性水平，通过计算统计量 $t = \dfrac{\overline{Z}}{S/\sqrt{n}}$，查出显著性值 $t\alpha/2(n-1)$ 后进行判断：

当 $|t| > t\alpha/2(n-1)$ 时，说明两次测评有显著的差异，拒绝 H_0，接受 H_1；反之，说明两次测评没有显著的差异，接受 H_0，拒绝 H_1，模型的信度检测过关。

本文采用重复测评法对经营者人力资本价值计量模型的效度进行检验。

其基本方法如下：

在相同的时间内，由 n 个被访者，对相同的对象，采用同样的问卷对问卷中的每个问题进行重复测评，本文进行了两次测评。

第一次得分计为：X_1，X_2，$\cdots$，X_n；

第二次得分计为：Y_1，Y_2，$\cdots$，Y_n；

并计算 $\overline{X}$，$\overline{Y}$。

$$Sx = \frac{1}{n-1}\sqrt{\sum_{i=1}^{n}(X_i - \overline{X})^2}$$

$$Sy = \frac{1}{n-1}\sqrt{\sum_{i=1}^{n}(Y_i - \overline{Y})^2}$$

然后进行假设检验：

原假设 H_0：$\sigma_x^2 = \sigma_y^2$；

备择假设 H_1：$\sigma_x^2 \neq \sigma_y^2$。

根据 0.05 的显著性水平，通过计算统计量 $F\alpha(n-1, n-1) = \dfrac{\max(S_x^2, S_y^2)}{\min(S_x^2, S_y^2)}$，查出显著性值 $F\alpha/2(n-1, n-1)$，$F_{1-\alpha/2}(n-1, n-1)$ 后进行判断：

如果 $F_{1-\alpha/2}(n-1, n-1) < F\alpha(n-1, n-1) = \dfrac{\max(S_x^2, S_y^2)}{\min(S_x^2, S_y^2)} < F\alpha/2(n-1, n-1)$ 时，则接受 H_0，拒绝 H_1，模型的效度检测过关。反之，则说明模型的效度检测不过关。

5.5.2　数据的获取

本文通过访谈法和问卷调查法获得对经营者人力资本价值计量模型进行检验的数据。首先，对于模型中的客观因素，如学历、工作年限、工作培训、职称等级、工作绩效、任职经历、轮岗次数、年龄、企业规模、经营者职位、产权配置（经营者持股）、薪酬。本文采用直接和经营者进行访谈的方式获得相关的数据，其具体的对应分值如下述。

学历："博士及以上学历"对应100分，"硕士学历"对应90分，"本科学历"对应80分，"专科学历"对应70分，"高中学历"对应60分，"初中以下"对应50分。

工作年限："0～5年（不含5年）"对应20分；"5～10年（含5年，不含10年，依次类推）"对应30分；"10～15年"对应40分；"15～20年"对应50分；"20～25年"对应60分；"25～30年"对应70分；"30～35年"对应80分；"35～40年"对应90分；"40年以上"对应100分。

工作培训选取最近三年内接受培训的次数作为衡量的依据："1次"对应10分；"2次"对应20分；依次类推，"10次及以上"对应100分。

职称等级："高级职称"对应100分；"中级职称"对应80分；"初级职称"对应60分。

工作绩效采取最近三年内企业的平均净资产收益率/行业平均净资产收益率指标作为评价标准："0～0.2（不含0.2）"对应10分；"0.2～0.4（含0.2，不含0.4，依次类推）"对应20分；"0.4～0.6"对应30分；"0.6～0.8"对应40分；"0.8～1"对应50分；"1"对应60分；"1～1.2"对应70分；"1.2～1.4"对应80分；"1.4～1.6"对应90分；"1.6以上"对应100分。

任职经历（不同企业或部门）："1次"对应20分；"2次"对应40分；依次类推，"5次及以上"对应100分。

轮岗次数（同一部门）："1次"对应20分；"2次"对应40分；依次类推，"5次及以上"对应100分。

年龄："18～35岁（含18岁，不含35岁，依次类推）"对应100分；"35～45岁"对应90分；"45～50岁"对应80分；"50～60岁"对应70分。

企业规模："500 万元以下（不含 5 万元）"对应 50 分；"500 万元~1 000 万元"（含 500 万元，不含 1 000 万元，依次类推）对应 60 分；"1 000 万元~5 000万元"对应 70 分；"5 000 万元~1 亿元"对应 80 分；"1 亿元~10 亿元"对应 90 分；"10 亿元以上"对应 100 分。

经营者职位："董事长／总裁职位"对应 100 分；"其他职位"对应 80 分；

产权配置（经营者持股）："控股"对应 100 分；"持股"对应 80 分；"不持股"对应 60 分。

薪酬："10 万元以下（不含 10 万元）"对应 60 分；"10 万元~20 万元（含 10 万元，不含 20 万元，依次类推）"对应 70 分；"20 万元~30 万元"对应 80 分；"30 万元~40 万元"对应 90 分；"50 万元及以上"对应 100 分。

对于其他要素，本文采用问卷调查的方法获取相关数据。问卷的具体形式见附件 E。其中，问卷中的选择项和分值的对应关系为："非常好"对应 100 分，"很好"对应 90 分，"好"对应 80 分，"比较好"对应 70 分，"略好"对应 60 分，"一般"对应 50 分，"略差"对应 40 分，"比较差"对应 30 分，"差"对应 20 分，"很差"对应 10 分，"非常差"对应 0 分。

5.5.3 经营者人力资本价值计量模型信度和效度的检验

在具体的样本采集过程中，本文对山东省×××产业集团有限公司的经营者张××进行访谈，并根据设计的经营者人力资本价值计量模型检验问卷，由 35 位被访者对其进行了两次调查分析。并根据调查所得到的数据，采用本文得出的经营者人力资本价值计量模型对该经营者的人力资本价值进行了量化。

量化的结果见表 5 - 27。

表 5 - 27 经营者人力资本价值计量模型检验问卷调查得分表

被访者编号	第一次打分	第二次打分	被访者编号	第一次打分	第二次打分
1	7 233.10	7 785.64	2	7 164.03	7 542.16
3	8 053.24	8 224.36	4	8 659.65	8 150.42
5	8 721.78	8 609.96	6	8 210.45	7 986.54
7	7 365.36	7 938.24	8	8 526.68	8 896.17
9	8 027.38	8 563.14	10	7 745.93	8 074.27
11	8 539.45	9 012.69	12	7 936.47	8 251.62

（续表）

被访者编号	第一次打分	第二次打分	被访者编号	第一次打分	第二次打分
13	8 276. 20	8 368. 95	14	8 712. 81	8 620. 91
15	6 837. 64	7 254. 12	16	8 307. 41	8 604. 25
17	8 471. 66	8 722. 17	18	7 851. 53	8 002. 34
19	7 996. 62	8 234. 46	20	7 436. 55	7 958. 90
21	7 408. 65	7 688. 23	22	7 334. 56	6 928. 72
23	7 105. 69	7 584. 10	24	8 963. 20	8 727. 67
25	8 030. 96	8 521. 34	26	9 000. 07	8 754. 02
27	8 166. 25	8 525. 74	28	8 750. 63	8 685. 96
29	8 062. 67	8 446. 86	30	8 553. 97	8 024. 44
31	8 665. 50	8 423. 48	32	8 331. 69	8 768. 54
33	7 205. 61	7 684. 79	34	7 637. 52	7 853. 09
35	8 167. 92	8 268. 05			

经营者人力资本价值计量模型的信度检验

置信区间 $t\alpha/2(n-1) = t0.025(35-1) \approx 2.04$，本文使用 SPSS12. 0 软件进行 t 检验，结果见表 5 - 28。

表 5 - 28　经营者人力资本价值计量的 T 检验表

Z	t 值	平均数	显著性水平概念（双侧）	标准类	95% 量统区间	
					低	高
	- 1. 590	- 171. 128 9	0. 184	332. 098 97	- 285. 208 8	- 57. 048 9

由上表可以看出，t 检验值 - 1.59 $\in$（- 2.04，2.04），显著性水平概率 0.184 > 0.05，且样本均值落在样本区间内，因此可以认为两次计量没有显著差异，经营者人力资本价值计量模型的信度检验过关。

经营者人力资本价值计量的效度检验：

$$F\alpha/2(n-1, \ n-1) \approx 2.1$$

$$F1 - \alpha/2(n-1, \ n-1) \approx 0.5$$

在显著性水平为 0.05 的条件下，本文采用 SPSS12.0 软件进行 F 检验，结果见表 5 – 9。

表 5 – 29　经营者人力资本价值计量模型 F 检验表

X, Y	F	显著性水平（双侧）
	1.476	0.632

由上表可以看出，F 检验值 1.476 ∈ (0.5, 2.1)，显著性水平概率 0.632 > 0.05，表明两者的方差没有显著性差异，所以接受原假设 $H0$：$\sigma_x^2 = \sigma_y^2$，模型的效度检验过关。

5.6　小　　结

通过本章的研究，本文构建了经营者人力资本价值计量模型。首先，通过问卷调查，采用因子分析法确定进行经营者人力资本价值计量的因子，然后通过专家调查（改进标度的层次分析法等）确定这些指标与经营者人力资本价值之间的定量关系，得出经营者人力资本价值计量模型。

第6章　提升经营者人力资本价值途径探讨

经营者人力资本是提升企业竞争力、增强国家综合国力的重要财富。实现经营者人力资本价值的增值，不仅需要对经营者人力资本进行追加投资以提升经营者人力资本的存量，对经营者人力资本进行激励以提升其价值创造积极性，对经营者人力资本进行合理定价以促进经营者人力资本的流动性，还需要完善相关的市场环境、组织环境，使经营者人力资本在和谐、有效的环境中积极创造价值。

6.1　完善相关市场环境

6.1.1　完善资本市场环境

（1）完善的资本市场有助于促进经营者人力资本的价值发现，有利于经营者人力资本的顺利流动，促进资源的合理配置。由于经营者人力资本具有很大的隐蔽性，市场的合理竞争有助于促进经营者人力资本价值的发现。然而由于我国处于改革开放的初级阶段，社会上的一些找关系、找靠山的不良现象，阻碍了经营者之间的合理竞争，使劳动力市场在经营者价值发现上的作用大打折扣，这降低了经营者对人力资本投资的积极性，从长远来看，不利于促进我国经营者人力资本价值创造力的提高，不利于我国经济的发展。因此，在我国的劳动力市场上，政府需要制定相应的政策，大力扶持、引导中介猎头公司的发展，综合运用行政和市场手段约束社会中存在的弄虚作假、钻空子等不良现象，为经营者人力资本的发展提供良好的平台。

（2）建立资本市场的声誉机制。声誉就是指名誉、声望。Kreps & Wilson（1982）将经济主体的声誉描述成一种"认知"（Perception），即在信息不对称条件下，一方参与人对另一方参与人是某种类型（偏好或者可行性行为）的概率的一种认知，且这种认知不断地被更新以包含两者间的重复博弈所传递的信息①。另外，声誉的建立并不需要与正在进行博弈的参与者直接联系，如 A 可以通过 B 与第三方 C 的相互作用来推断 B 的某些行为模式与偏好特征。也就是说，关于声誉的信息具有公共产品的特征，能提供正的外部性，使很多相关者受益。

在经营者人力资本市场上，经营者的个人声誉是一种良好的意识形态资本，这种资本可以减少经营者在社会经营生活中的道德风险。对经营者的声誉而言，经营者声誉的建立既是经营者与其利益相关者之间长期动态重复博弈的结果，又是企业信息在交易人之间传递的结果。累积一定声誉的经营者可以使利益相关者并不依靠重复交易的情况下选择该经营者。特别是在信息不对称条件下，经营者声誉作为一种反映经营者行为信息的信号在不同的利益相关者之间进行传递，既能约束经营者的机会主义行为，保证合约得以顺利实施，又能降低交易成本。

特别是由于经营者人力资本的隐蔽性，具有良好声誉的经营者往往能够增加承诺的力度。在这里，声誉的作用就体现为关心长期利益的参与人提供一种隐性激励以保证其短期承诺行动，声誉因此可以成为显性合约的替代品。②

因此，在经营者人力资本市场上，经营者声誉就转化为经营者人力资本形象的象征。通过在经营者人力资本市场上构建合理的声誉机制平台，交易方选择声誉较高的经营者既能提升经营者人力资本创造价值的积极性，又能形成和谐的、积极向上的社会风气，这符合交易双方利益最大化目标。

（3）完善证券金融市场。在一个有效的证券市场上，公司业绩和证券价格具有较高的相关性。因此可以通过证券价格的反应机制来衡量经营者人力资本所创造的价值。在这种市场中，经营者人力资本的价值比较透明，因此有助于促进

---

① David Kreps and Robert Wilson. Reputation and Imperfect Information [J]. Journal of Economic Theory，1982，27（2）：253 - 279.

② 余津津. 现代西方声誉理论述评 [J]. 当代财经，2003（11）：18 - 22.

经营者人力资本之间的竞争，有助于对经营者人力资本的投资、激励和定价。

然而，目前在我国的证券市场上，证券价格和上市公司业绩之间的相关性却很弱，存在证券价格不能真实地反映企业业绩的现象。一方面，我国的证券金融市场存在着严重的投机现象，一些投机分子对上市公司的股票进行炒作，导致股价大幅度波动，从而大大削弱了证券市场对经营者业绩的衡量标准；另一方面，一些上市公司利用粉饰财务报表、信息不能按照规定及时披露以及关联方交易等非法行为误导投资者，导致公司业绩严重失真，这也致使我们不能够用证券市场来了解公司的业绩。

因此，对于我国金融市场中存在的这些弱化企业价值显现的不良现象，我们有必要对投资者进行理性的引导，坚决制止金融证券市场上的不良投机行为。同时进一步强化对上市公司的监管，加大对披露虚假信息、进行内幕交易的上市公司违规行为的处罚力度，完善上市公司的外部治理环境。

6.1.2　人文、社会环境

我国是一个有着深厚平均主义文化传统的国家，自古以来就有"不患贫而患不均"的平均主义思想。长期以来，这种"平均主义"的公平理念，严重制约了我国经济的发展。特别是在改革开放初期，在我国的国有企业经营者收入低，并不是国有企业经营者的人力资本价值低、经营管理绩效差。这种不合理现象严重打击了国有企业经营者的积极性，结果降低了国有企业的效率，导致了"59岁现象"发生。这种经营者人力资本价值不能够得到应有回报的现象一方面是制度的原因，另一方面不可忽视的就是观念上的"平均主义"公平理念在作怪。

随着我国改革开放的不断深入，经营者的收入有了高幅度的增长，但随之而来的问题是，由于经营者的收入要大大高于一般员工，这就会和仍然残存的公平观念产生强烈的冲突。因此，为了增进社会对人力资本的重视，为了使经营者人力资本在和谐、稳定的社会中实现价值的创造，我们需要在全社会范围内解放思想，转变观念，倡导价值创造的公平理念。

6.2　完善人力资本理论下的企业治理结构

人力资本理论的发展向传统的物质资本理论发起了挑战。现在，人力资本的重要性已经日益得到企业界和学术界的认可，企业也已经成为人力资本和非人力资本的一个特别合约。构建在物质资本理论上的传统的委托—代理理论已经受到重大的冲击。"这种力量对比的变化打破了物质资本一统天下的局面，使得物质资本所有者不再是企业唯一的主人，人力资本所有者和物质资本所有者成为企业的共同主人，双方都向企业投入资本，都有权参与企业剩余所有权的分配，两者之间已经不再是单纯的委托—代理关系了"。①

在这种综合考虑人力资本和物质资本的模式中，经营者人力资本作为企业人力资本的核心，应当拥有企业的剩余索取权和剩余控制权，随着经营者人力资本产权的确定，经营者人力资本会在公司治理结构中发挥重要作用。

目前，关于人力资本理论下的企业治理结构问题的讨论研究在世界范围内还处于起步阶段，关于在这种制度框架下的内容有待我们进一步去发展、完善。

6.3　探寻合理的经营者人力资本投资结构

经营者人力资本的投资是提升经营者人力资本价值最基本的方面。但由于资源的稀缺性，如何确定经营者人力资本的投资结构将是摆在经营者人力资本投资上的首要问题。

在微观层面，企业对经营者人力资本的投资结构首先需要面对以下三个问题：一是如何确定对人力资本和物质的投资结构问题；二是在人力资本投资中，如何确定经营者人力资本和其他类型人力资本的投资结构问题；三是对经营者人力资本，如何确定经营者人力资本存量中的知识、技能、健康等的投资结构

---

① 段兴民，张志宏等. 中国人力资本定价研究 [M]. 西安：西安交通大学出版社，2005：226.

问题。

对于以上问题，我们认为为了探寻合理的经营者人力资本投资结构，核心的问题还是如何对人力资本的价值进行计量。在计量上，我们需要实现对企业中人力资本的整体价值进行计量，对企业中各类人力资本的价值进行计量，对企业中个体人力资本的价值进行计量。其中在计量的过程中，一些影响人力资本价值计量的重要因素，如人力资本利润分成率的计算、人力资本创造价值的预测将是影响我们确定人力资本投资结构是否合理的重要因素，这需要我们在研究中不断探索。

在本文的研究中，通过构建山东省经营者人力资本价值计量模型，实现了对个体经营者人力资本价值的计量。通过研究，我们得出山东省在对经营者人力资本投资中，对经营者的经验知识、健康、教育和各项技能投资结构是：0.23∶0.18∶0.12∶0.47。

6.4　完善经营者人力资本的激励与监督机制

在企业中，为了增进经营者人力资本价值的创造，一个完备的激励与约束机制是不可或缺的。

6.4.1　产权激励

在以两权分离、委托—代理为基本制度特征的股份制公司中，随着两权分离与股权结构的日趋分散，公司经营者会在很大程度上拥有企业的实质性控制权，而企业价值最大化目标的实现，越来越取决于公司经营者的能力和素质，也就是经营者所累积的人力资本存量的多少。在这里，经营者人力资本成为与物质资本同等、甚至更为重要的一种实质性的资本要素。然而正如前文中所论述，由于人力资本的特殊性，企业无法直接占有、使用和支配内在于员工大脑中的知识和技术，从而也就无法真正地占有、使用和支配人力资本，只能按照契约规定享受其运用所学的知识和技术所提供的服务。因此，为实现企业价值最大化目标，从公司角度看，有必要从人力资本产权角度实施对经营者人力资本的激励。

经营者人力资本产权包括经营者人力资本的所有权、控制权和收益权等。经营者人力资本产权激励就是以实现经营者完备的产权为基础的激励。比如，在具体的方式上，企业可以采用股票或企业股票期权的方法对经营者或员工实行激励。

经营者人力资本是一种运用和经营其他资本的资本。如果不充分重视经营者人力资本应有的经济利益，人力资本就不可能发挥其应有的作用，诸如过度的在职消费、乱跳槽等不利于企业价值实现的现象就会发生和蔓延。知识经济时代，人力资本的价值日益突出，经营者人力资本的市场开拓能力、创新能力往往会给企业带来大大超过物质资本投资所带来的收益和超额利润。而如果当经营者人力资本出现逆向选择和道德风险时，他们给企业造成的损失也是异常严重的，甚至是全局性的。为了防止经营者人力资本的逆向选择和道德风险，就必须实现经营者人力资本所创造的价值与其所得收益的对称性，使经营者人力资本价值得到充分体现。而经营者人力资本产权的明确划分则是经营者人力资本收益权的实现的前提。

通过对经营者实施产权激励，实现经营者的知识、健康、技能与物质资本一起参与分配，体现了企业对经营者人力资本价值的肯定。这使经营者的长远利益与企业的长期发展紧密地联系在一起，使股东和经营者之间不再是简单的委托—代理关系，而是形成了一个长期的利益共同体。总之，产权激励的实施，不但增进了经营者人力资本价值创造的积极性，促进了经营者人力资本的发展，同时还增加了企业价值。

6.4.2　精神激励

按照马斯洛的需求层次理论，人们在满足了物质需要以后，必然会产生更高层次的精神需要。经营者人力资本属于高层次的人力资本，经营者人力资本的所有者是一个具备较高文化素养和智慧的群体，不会只满足于物质利益的获取，他们在追求个人效用最大化的过程中，必然会在谋求物质利益的同时追求精神的满足。并且，精神激励属于内在的自我激励，激励效果也往往更持久、更强烈。

一般来说，经营者的精神激励包括事业、地位、声誉等方面的成功。为使精神激励在经营者人力资本价值创造中发挥作用，一方面，在企业内部要为经营者提供企业经营所需要的资源，另一方面，在社会中应倡导重声誉、重贡献的文化风气，从而提高经营者精神激励的效果。

6.4.3　退休金计划

退休金计划即企业为鼓励优秀人力资本所有者为企业长期效力，而与人力资本所有者签订的一种合约，合约的内容一般是根据人力资本所有者为企业效力期限的长短，给予相应的报酬，甚至约定人力资本所有者在本企业任职到退休，则可以获得一笔高额的报酬。这在本质上就是一种长期的激励制度，目前主要为一些西方国家所采用，但这种方法可以为我国的企业在激励经营者人力资本价值发挥时进行借鉴和参考。

6.4.4　监督与约束

作为经营者人力资本的所有者是具有复杂思想的社会人。由于企业所有权与经营权的分离，企业的经营者事实上掌握着企业的内部控制权，而像安然等公司的 CEO、CFO，他们为了个人私利彻底毁掉了企业。因此，如何使经营者在追求个人利益的同时又能实现企业价值最大化目标，是关系到经营者人力资本价值的重要问题。所以，为了避免经营者为一己私利而损害公司，降低其自身价值的现象发生，我们有必要建立相应的监督与约束机制，实现监督和激励的相容性。

6.5　小　　结

经营者人力资本是提升企业竞争力、增强国家综合国力的重要财富。为了帮助企业实现经营者人力资本价值的增值，本章从完善市场相关环境、发展人力资本理论下的公司治理结构、探寻合理的经营者人力资本投资结构及完善经营者人力资本的激励与监督机制四个方面进行分析论述，给出了提升经营者人力资本价值的策略和建议。

第7章　研究结论与研究展望

7.1　研究结论

经营者人力资本是企业中最具价值的人力资本，它的价值体现在不仅为企业创造超额收益，同时还是其他类型人力资本创造价值的关键。为了有效地对经营者人力资本进行投资、激励，为经营者人力资本的顺利流动创造条件（合理的经营者定价机制），企业需要做的核心工作就是如何对经营者人力资本的价值进行计量。

本文在吸收以往研究者的研究成果和对经营者人力资本理解的基础上，创造性地提出了影响经营者人力资本价值的要素要包括经营者人力资本的存量要素、经营者的个性特征要素及组织环境要素三个维度，在相关文献分析的基础上，构建了经营者人力资本价值计量的理论指标体系。

在理论分析的基础上，本文通过调查研究，采用因子分析，得到了解释经营者人力资本价值的 14 个因子及这些因子之间的关系。

具体地，这些因子主要有：经营者工作经验因子（$F_{工作经验}$）、经营者健康因子（$F_{健康}$）、经营者教育程度因子（$F_{教育程度}$）、经营者创新能力因子（$F_{创新}$）、经营者市场应变能力因子（$F_{市场应变}$）、经营者领导能力因子（$F_{领导}$）、经营者战略决策能力因子（$F_{决策}$）、经营者个人魅力因子（$F_{个人魅力}$）、经营者情绪品质因子（$F_{情绪}$）、经营者责任品质因子（$F_{责任}$）、经营者职业道德品质因子（$F_{职业道德}$）、经

营者权力因子（$F_{权力}$）、企业协作因子（$F_{企业协作}$）、企业规模因子（$F_{企业规模}$）

通过专家调查，本文采用改进标度的层次分析法确定出这些因子对经营者人力资本价值的贡献，得出经营者人力资本价值计量模型：

$$HCSDO = 0.157F_{工作经验} + 0.125F_{健康} + 0.085F_{教育程度} + 0.066F_{创新} + 0.061F_{市场应变} + 0.092F_{领导} + 0.101F_{决策} + 0.059F_{个人魅力} + 0.021F_{情绪} + 0.05F_{责任} + 0.036F_{职业道德} + 0.076F_{权力} + 0.06F_{企业协作} + 0.011F_{企业规模}。$$

7.2　研究展望

自 1964 年舒尔茨系统地提出人力资本理论之后，人力资本研究得到了突飞猛进的发展。特别是人力资本价值计量，已经成为当前学术界研究的热点问题。

经营者人力资本属于高层次的人力资本，对经营者人力资本的研究是对人力资本理论研究的深化。由于经营者人力资本创造价值的复杂性及数据的不易获得性，多年来，如何对经营者人力资本价值进行计量一直是企业界和学术界需要攻克的难题。本文尝试采用间接性的非货币计量法，通过在山东省进行调查研究构建了经营者人力资本价值计量模型，以实现对经营者人力资本价值的计量。

作者在从事研究的过程中力求科学与实用并重，但是由于时间有限，且受能力和客观条件的限制，本文的研究还有很多不完善的地方，存在以下几个方面的问题，还值得不断去探索。

（1）经营者人力资本价值计量假设条件的研究。在本文所构建的经营者人力资本价值计量模型中，存在一些隐含的假设条件，如完全理性的经济主体及完全信息的决策环境等。然而由于市场信息不对称、个人的有限理性等原因，现实情况与假设相去甚远。因此，如何修正假设，使理论与现实更加接近是一个重要的研究方向。

（2）经营者人力资本价值的货币性计量。本文通过研究构建的模型属于非货币性计量模型，实现的功能是对经营者人力资本的相对价值计量。虽然它同样是对经营者人力资本进行投资、产权激励、定价的衡量标准，但在表现形式上不如货币性计量清晰，并且在将这种相对价值换算成货币性的绝对价值时还存在一个换算标准问题。所以，如何将这种相对的价值量和绝对的货币量联系起来，实现对经营者人力资本价值的货币性计量也是今后需要探索研究的方向。

（3）经营者人力资本价值计量新方法应用。在经营者人力资本价值计量的研究中，近期虽然涌现出了许多非常有价值的新方法，如期权法、模糊评价法等，但不可否认，关于经营者人力资本价值计量的研究无论是理论研究还是实证研究都还很不完善，相应的文献比较少，这值得我们进一步去探索。

希望本文对经营者人力资本价值计量模型构建的探索和尝试，能引起更多专家、学者的关注，起到抛砖引玉的作用。同时更希望能够得到广大专家、学者的指导和指正。

参考文献

1. 陈学法．人力资本与人力资本投资理论之比较［J］．经济社会体制比较，2005（2）．

2. 丁思统，廖为明，董军，扬永红．关于数学模型的评价与检验［J］．江西农业大学学报，2006（4）．

3. 佟爱琴，金晶，杨柳．人力资本价值计量及其企业制度创新［J］．科学管理研究，2006，24（6）．

4. 董玉成，陈义华．层次分析法（AHP）中的检验［J］．系统工程理论与实践，2004，（7）．

5. 段兴民，张志宏等．中国人力资本定价研究［M］．西安：西安交通大学出版社，2005．

6. 杜兴强，黄良文．企业家人力资本计量模型探讨［J］．中国工业经济，2003（8）．

7. 付小平．重构资本结构——纳入人力资本的资本结构研究［D］．复旦大学博士学位论文，2005．

8. 管军，段兴民．企业人力资本参与剩余索取权分配的方法研究［J］．中国管理科学，2004（5）．

9. 顾琴轩，周铖．国企经营者人力资本价值评估指标：国企与外企不同视角的研究［J］．中国人力资源开发，2004（9）．

10. 皇甫荣．人力资源价值计量数学模型的比较［J］．统计与决策，2006（6）．

11. 黄速建．关于建立高层经理人员激励与约束机制的有关问题［J］．中国工业经济，1999，16（1）．

12. 胡罡，楚建波．价值分配理论与人力资本定价［J］．经济论坛，2003（16）．

13. 蒋妍，马景义．顾客满意度指数模型的估计与检验［J］．统计与决策，2006（2）．

14. 姜利军，卢俊义．企业高管人员人力资本化的实证研究［J］．管理现代化，2005（1）．

15. 焦斌龙．"郎顾之争"与人力资本参与企业收益分配［J］．首都师范大学学报（社会科学版），2006（5）．

16. 柯林江，石金涛．劳动契约视角下的经营者人力资本定价研究［J］．山西财经大学学报，2003（4）．

17. 柯镇洪，黄悦，张文贤．人力资源价值计量与评估的经济学分析［J］．世界经济文汇，2000（5）．

18. 李宝元．企业经营者人力资本股权化：制度意义与实现途径［J］．管理现代化，2001（5）．

19. 李汉通．个人人力资本投资决策行为分析模型［J］．系统工程，2006（8）．

20. 李效梅，廖伟．人力资源的分类计量［J］．中南财经政法大学学报，2006（3）．

21. 李宴喜，陶志．层次分析法中判断矩阵的群组综合构造方法［J］．沈阳师范学院学报（自然科学版），2002，20（2）．

22. 李忠民．人力资本：一个理论框架及其对中国一些问题的解释［M］．北京：经济科学出版社，1999（12）．

23. 林海明，张文霖．主成分分析与因子分析的异同和SPSS软件——兼与刘玉玫、卢纹岱等同志商榷［J］．统计研究，2005（3）．

24. 刘凤霞，汪波．人力资源个体价值计量模型新探［J］．工业工程，2005，8（2）．

25. 刘鹏，张园林，晏湘涛，匡兴华．基于专家动态权重的群组AHP交互式决策方法［J］．数学的实践与认识，2007（13）.

26. 刘正周．管理激励与激励机制［J］．管理世界，1996，12（5）.

27. 罗瑾琏，何昊．经营者人力资本价值评价要素的实证分析［J］．人类工效学，2002（3）.

28. ［美］多萝西·伦纳德，苏尔普．潜质——如何培养和传递持久的商业智慧［M］．李维安，谢永珍译．北京：商务印书馆，2005（5）.

29. ［美］西奥多·W. 舒尔茨．人力资本投资——教育和研究的作用［M］．北京：商务印书馆，1990.

30. 马传景．企业家人力资本与企业制度创新［D］．武汉大学博士学位论文，2004.

31. 莫山农．基于人力资本贡献的收益分配研究［D］．南京理工大学博士学位论文，2003.

32. 年志远．国有企业家人力资本的归属、特征和定价［J］．当代经济研究，2005（5）.

33. 彭斌，韩玉启．基于期权的技术型人力资本灰色计量模型［J］．科学学与科学技术管理，2005（3）.

34. 钱雪亚，周颖．人力资本存量水平的计量方法及实证评价［J］．商业经济与管理，2005（2）.

35. 秦寿康等．综合评价原理与应用［M］．北京：电子工业出版社，2003.

36. 宋光兴，邹平．多属性群决策中决策者权重的确定方法［J］．系统工程，2001（4）.

37. 宋之杰，赵之友．人力资源价值模糊计量方法研究［J］．河北经贸大学学报，2003（2）.

38. 隋广军，曹鸿涛．经营者隐性人力资本与股权激励的经济学分析［J］．经济问题探索，2003（8）.

39. 陶志伟，王杰等．专家评分质量引入专家权重的一种方法［J］．科研管理，1999（3）.

40. 谭劲松，韦妮．人力资源价值及其计量模式探讨［J］．当代经济管理，2005，27（4）.

41. 王晨，茅宁．人力资本价值转化模型实证分析［J］．中国工业经济，2003（5）．

42. 王国顺，彭宏．EVA 方法有效性的实证研究［J］．系统工程，2004（1）．

43. 王核成，许水龙．管理人员综合测评方法研究［J］．华东经济管理，2001，15（2）．

44. 王恒，沈利生．客户信用评级系统的经济计量模型检验［J］．数量经济技术经济研究，2006（6）．

45. 王莲芬，许树柏．层次分析法引论［M］．北京：中国人民大学出版社，1990．

46. 王珊，苗青．人力资源价值计量模型 HRVMM 试析［J］．软科学，2002（5）．

47. 王毅敏，封铁英，符亚明，段兴民．人力资本范畴分析及现实思考［J］．中国人力资源开发，2003（3）．

48. 王毅敏，封铁英，段兴民．组织中人力资本的三层中位扩展分类研究．中国人力资源开发［J］．中国人力资源开发，2003（1）．

49. 王毅敏，封铁英，段兴民．基于复杂性观点的人力资本定价研究［J］．科研管理，2004，25（3）．

50. 王跃生，王蕴．人力资本与企业组织结构：一个初步模型［J］．经济理论与经济管理，2005（3）．

51. 魏秀丽．民营企业家成长的自身障碍：能力、生命周期和治理［J］．经济与管理研究，2005（12）．

52. 吴东，张徽燕．基于互补性资本的人力资本增值模型研究［J］．华东经济管理，2005（11）．

53. 武勇．国企经营者任职生命周期分析［J］．改革与战略，2004（8）．

54. 向志强．企业人力资本投资与人力资本生命周期［J］．山西财经大学学报，2002（8）．

55. 奚国泉，杨洪常．企业人力资本投资的价值增值分析［J］．现代经济探讨，2003（6）．

56. 肖建军，蒋瑛．给国企经营者"定价，定心"——关于株洲市企业经营者年薪制的调查［J］．湖南经济，2000（7）．

57. 谢获宝，张勇涛，潘黎．企业家生命周期——阶段划分及其演变过程［J］．经济管理，2006（23）．

58. 徐细雄，万迪昉．职业经理人力资本价值评估模型［J］．统计与决策，2006（12）．

59. 薛新伟．人力资本形成的理论模型探讨［J］．科学管理研究，2005（1）．

60. 杨菁．人力资本与制度变迁关系研究［D］．复旦大学博士学位论文，2004（4）．

61. 姚艳虹，张小伟．管理型人力资本价值评估指标体系构建及其应用［J］．系统工程，2004（12）．

62. 姚先国，翁杰．企业对员工的人力资本投资研究［J］．中国工业经济，2005（2）．

63. 殷瑞飞，朱建平．关于利用因子分析方法对变量分类的探讨［J］．统计与决策，2005（2）．

64. 殷锡武，刘永安．人力资本价值及其投资分析［J］．金融与经济，2006（3）．

65. 余津津．现代西方声誉理论述评［J］．当代财经，2003（11）．

66. 赵曙明，杜娟．企业经营者胜任力及测评理论研究［J］．外国经济与管理，2007（1）．

67. 张娜．企业经营者人力资本的构成要素分析［J］．中国水运（学术版），2006，7（7）．

68. 张文贤，李利．人力资本定价的研究前沿——企业培训投入产出计量模型［J］．科研管理，2004（12）．

69. 张志宏．人力资本相对价值评估与定价机制设计［J］．兰州大学学报（社会科学版），2004，32（6）．

70. 张志宏，段兴民．以 EVA 为内核的人力资本产权激励制度研究［J］．南开管理评论，2004（7）．

71. 张志宏，段兴民. 我国人力资本参与企业收益分配的制度分析 ［J］. 当代经济科学，2002，24（5）.

72. 朱克江. 经营者薪酬激励制度研究 ［M］. 北京：中国经济出版社，2002（11）.

73. 朱明秀，吴中春. 人力资本价值计量方法探讨 ［J］. 中央财经大学学报，2005（12）.

74. 周建成，张五六，皮天雷. 计量经济学中动态模型检验的方法比较 ［J］. 统计与决策，2005（1）.

75. 周其仁. 市场里的企业：一个人力资本与非人力资本的特别合约 ［J］. 经济研究，1996（6）.

76. Bartel A. Training, wage growth, and job performance：Evidence From a Company Database ［J］. Journal of Labour Economics, 1995, 13 (3).

77. Bartel A. Measuring the Employer's Return on Investment in Training：Evidence From the Literature ［J］. Industrial Relations：A Journal of Economy and Society, 2000, 39 (3).

78. Becker, G. Investment in Human Capital：A Theoretical Approach ［J］. Journal of Political Economy, 1962, 70 (5).

79. Bishop, J. H. Vocational Education and at Risk Youth in the United States ［J］. Vocational Training, 1995 (6).

80. Combs, J. G. and Skill, M. S. Managerialist and Human Capital Explanations for Key Executive Pay Premiums ［J］. Academy of Management Journal, 2003, 46 (1).

81. Daft R L, et al, Chief Executive Scanning Environmental Characteristics, and Company Performance：an Empirical Study ［J］. Strategic Management Journal, 1988, 9 (3).

82. David Kreps and Robert Wilson. Reputation and Imperfect Information ［J］. Journal of Economic Theory, 1982, 27 (2).

83. Edward Borodzicz and Kees van Haperer. Individual and Group Learning in Crisis Simulations ［J］. Journal of Contingencies and Crisis Management, 2002 (3).

84. Elias, Juanita, Scarbrough, Harry. Evaluating Human Capital: An Exploratory Study of Management Practice [J] . Human Resource Management Journal, 2004, 14 (4).

85. Eric G. Flamholtz , Maria L. Bullen, Wei Hua. Human Resource Accounting: A Historical Perspective and Future Implications [J] . Management Decision, 2002, 40 (10).

86. Heijke, H. et al. Fitting to the Job: The Role of Generic and Vocational Competencies in Adjustment and Performance [J] . Labour Economics, 2003, 10 (2).

87. Ku – Jun Lin, Mei – Lan Wang. The Classification of Human Capital according to the Strategic Goals of Firms: An Analysis [J] . International Journal of Management, 2005, 22 (1).

88. LeBlanc, P. V, Mulvey, P. W. and Rich, J. T. Improving the Return on Human Capital: New Metrics [J] . Compensation and Benefits Review, 2000, 32 (1).

89. Lepak, David P. , and Snell, Scott A. The Human Resource Architecture: Toward a Theory of Human Capital Allocation and Development [J] . Academy of Management Review, 1999, 24 (1).

90. Lex Borghans and Hans Heijke. The Production and Use of Human Capital: Introduction [J] . Education Economics, 2005, 13 (2).

91. Maria Jesus Freire – seren. Human Capital Accumulation and Economic Growth [J] . Investigaciones Economicas, 2001, 25 (3).

92. Mitja Ruzzier, Bostjan AntonciC, Robert D. Hisrich, Maja Konecnik. Human Capital and SME Internationalization: A Structural Equation Modeling Study [J] . Canadian Journal of Administrative Sciences, 2007, 24 (1).

93. Nancy R. Lockwood, SPHR, GPHR, M. A.. Maximizing Human Capital: Demonstrating HR Value With Key Performance Indicators [J] . HR Magazine, 2006, 51 (9).

94. Nonaka. A Dynamic Theory of Organizational Knowledge Creation [J] . Organizational Science, 1994 (5).

95. Richard McBain. Appreciating the Value of Human and Social Capital [J] .

Henley Manager Update. 2005, 16 (3).

　　96. William A. Schiemann, Metrus Group, Inc. People Equity: A New Paradigm for Measuring and Managing Human Capital [J] . Human Resource Planning, 2006, 29 (1).

附录 A 《经营者人力资本价值计量调查问卷》样本企业名单

企业名称	所在地区	所属行业
太平洋保险公司山东分公司	济南	金融保险
山东通亚电力设备有限公司	济南	电力机电
建设银行山东省分行	济南	金融
润丰农村合作银行山东省分行	济南	金融
山东鲁德贝车灯股份有限公司	济南	机械配件
济南百孚实业有限公司	济南	贸易出口
济南浪潮集团公司	济南	IT
济南钢铁集团有限公司	济南	钢铁
山东银座商城股份有限公司	济南	零售
山东科迪化学有限公司	济南	化学化工
济南华龙电子有限公司	济南	电子电器
济南康特电子技术有限公司	济南	电子电器
济南家乐福商业有限公司	济南	零售
济南大众汽车配件有限公司	济南	机械配件
山东中兴文化传媒有限公司	济南	传媒
济南金宇源光电子有限公司	济南	IT
山东新潮信息技术有限公司	济南	信息技术
山东桑乐太阳能有限公司	济南	太阳能
济南普利思矿泉水有限公司	济南	饮用水
山东英特计算机数据有限公司	济南	IT

（续表）

企业名称	所在地区	所属行业
济南华阳计算机有限公司	济南	IT
山东省济南医药经营公司	济南	医疗
济南富雅家居有限责任公司	济南	家居日用
山东新华书店图书贸易部	济南	图书
济南方正财务咨询有限公司	济南	咨询
中化山东济南公司	济南	贸易
济南华玫服装有限公司	济南	服装
济南大坤经贸有限公司	济南	贸易
济南诚至管理咨询有限公司	济南	咨询
兰剑物流科技有限公司	济南	物流
中创软件有限公司	济南	IT
青岛海信集团有限公司	青岛	电器
青岛中房集团股份有限公司	青岛	房地产
山东金羚置业有限公司	青岛	房地产
鲁泰纺织股份有限公司	淄博	纺织
山东新华医疗器械股份有限公司	淄博	医疗
山东高速公路股份有限公司	淄博	公路桥梁
泰安市东方建筑设计有限公司	泰安	建筑设计
泰安市振华机械有限公司	泰安	机械制造
临沂中天木业有限责任公司	临沂	木材加工制造
山东江泉实业股份有限公司	临沂	建筑建材

附录 B 经营者人力资本价值
计量调查问卷

　　为了客观、合理地把握经营者人力资本价值的决定要素，建立经营者人力资本价值计量模型，我们特进行此次经营者人力资本价值计量问卷调查。

　　感谢您在百忙之中填写此次的问卷，您的意见对我们很重要。本次问卷的结果仅用于科研用途，不会用于任何商业用途，对调查的数据我们会严格保密。

　　谢谢您的合作！

　　您的个人基本信息：

　　1. 性别：A. 男；B. 女

　　2. 年龄：A. 25 ~ 35 岁（含 25 岁，不含 35 岁，依次类推）；B. 35 ~ 45 岁；C. 45 ~ 55 岁；D. 55 岁以上

　　3. 参加工作的时间：A. 5 年以下（不含 5 年）；B. 5 ~ 10 年（含 5 年，不含 10 年，依次类推）；C. 10 ~ 20 年；D. 20 年以上

　　4. 您的职位：＿＿＿＿＿＿＿＿＿＿＿＿＿＿

　　5. 您所处的行业性质：A. 国营；B. 私营

　　问卷正文

　　说明：人力资本主要指是人的知识、经验、技能和健康。下面是可能影响到经营者人力资本价值的指标，请根据您个人的看法进行选择。

一、经营者的人力资本存量要素（知识、经验、技能、健康）

1. 您认为经营者的学历是影响经营者知识丰富程度的因素吗？

A. 非常认同　　　　B. 认同　　　　C. 基本认同　　　　D. 不确定

E. 不大认同　　　　F. 不认同　　　　G. 非常不认同

2. 您认为经营者的工作年限是经营者知识、技能水平高低的体现吗？

A. 非常认同　　　　B. 认同　　　　C. 基本认同　　　　D. 不确定

E. 不大认同　　　　F. 不认同　　　　G. 非常不认同

3. 您认为经营者的工作培训是经营者所需知识、技能的来源吗？

A. 非常认同　　　　B. 认同　　　　C. 基本认同　　　　D. 不确定

E. 不大认同　　　　F. 不认同　　　　G. 非常不认同

4. 您认为经营者的职称等级是影响经营者所需知识、技能的因素吗？

A. 非常认同　　　　B. 认同　　　　C. 基本认同　　　　D. 不确定

E. 不大认同　　　　F. 不认同　　　　G. 非常不认同

5. 您认为经营者的工作绩效是反映经营者知识、技能水平的标志吗？

A. 非常认同　　　　B. 认同　　　　C. 基本认同　　　　D. 不确定

E. 不大认同　　　　F. 不认同　　　　G. 非常不认同

6. 您认为经营者的任职经历对经营者所需知识、技能的获取重要吗？

A. 非常重要　　　　B. 重要　　　　C. 比较重要　　　　D. 不确定

E. 不大重要　　　　F. 不重要　　　　G. 没有关系

7. 您认为经营者的轮岗次数对经营者所需知识、技能的获取重要吗？

A. 非常重要　　　　B. 重要　　　　C. 比较重要　　　　D. 不确定

E. 不大重要　　　　F. 不重要　　　　G. 没有关系

8. 您认同经营者的年龄影响是经营者身体健康的因素吗？

A. 非常认同　　　　B. 认同　　　　C. 基本认同　　　　D. 不确定

E. 不大认同　　　　F. 不认同　　　　G. 非常不认同

9. 您认为精力充沛是经营者身体健康的特征吗？

A. 非常认同　　　　B. 认同　　　　C. 基本认同　　　　D. 不确定

E. 不大认同　　　　F. 不认同　　　　G. 非常不认同

10. 您认同经营者的薪酬是经营者身体健康的因素吗？

A. 非常认同　　　　B. 认同　　　　　C. 基本认同　　　　D. 不确定

E. 不大认同　　　　F. 不认同　　　　G. 非常不认同

11. 领导能力是经营者必备的技能，您认同吗？

A. 非常认同　　　　B. 认同　　　　　C. 基本认同　　　　D. 不确定

E. 不大认同　　　　F. 不认同　　　　G. 非常不认同

12. 战略决策能力是经营者必备的技能，您认同吗？

A. 非常认同　　　　B. 认同　　　　　C. 基本认同　　　　D. 不确定

E. 不大认同　　　　F. 不认同　　　　G. 非常不认同

13. 创新能力是经营者必备的技能，您认同吗？

A. 非常认同　　　　B. 认同　　　　　C. 基本认同　　　　D. 不确定

E. 不大认同　　　　F. 不认同　　　　G. 非常不认同

14. 对企业内外部的协调能力是经营者必备的能力，您认同吗？

A. 非常认同　　　　B. 认同　　　　　C. 基本认同　　　　D. 不确定

E. 不大认同　　　　F. 不认同　　　　G. 非常不认同

15. 沟通能力是经营者必备的技能，您认同吗？

A. 非常认同　　　　B. 认同　　　　　C. 基本认同　　　　D. 不确定

E. 不大认同　　　　F. 不认同　　　　G. 非常不认同

16. 分析能力是经营者必备的技能，您认同吗？

A. 非常认同　　　　B. 认同　　　　　C. 基本认同　　　　D. 不确定

E. 不大认同　　　　F. 不认同　　　　G. 非常不认同

17. 市场应变能力是经营者必备的技能，您认同吗？

A. 非常认同　　　　B. 认同　　　　　C. 基本认同　　　　D. 不确定

E. 不大认同　　　　F. 不认同　　　　G. 非常不认同

18. 凝聚能力是经营者必备的技能，您认同吗？

A. 非常认同　　　　B. 认同　　　　　C. 基本认同　　　　D. 不确定

E. 不大认同　　　　F. 不认同　　　　G. 非常不认同

19. 学习能力是经营者必备的技能，您认同吗？

A. 非常认同　　　　B. 认同　　　　　C. 基本认同　　　　D. 不确定

E. 不大认同　　　　　F. 不认同　　　　　G. 非常不认同

20. 风险承受能力是经营者必备的技能，您认同吗？

A. 非常认同　　　　　B. 认同　　　　　C. 基本认同　　　　　D. 不确定

E. 不大认同　　　　　F. 不认同　　　　　G. 非常不认同

21. 洞察能力是经营者必备的技能，您认同吗？

A. 非常认同　　　　　B. 认同　　　　　C. 基本认同　　　　　D. 不确定

E. 不大认同　　　　　F. 不认同　　　　　G. 非常不认同

二、经营者的特性要素

22. 您认为经营者的智商是决定经营者人力资本价值的主要因素吗？

A. 非常认同　　　　　B. 认同　　　　　C. 基本认同　　　　　D. 不确定

E. 不大认同　　　　　F. 不认同　　　　　G. 非常不认同

23. 您认为经营者的正直是决定经营者人力资本价值的主要因素吗？

A. 非常认同　　　　　B. 认同　　　　　C. 基本认同　　　　　D. 不确定

E. 不大认同　　　　　F. 不认同　　　　　G. 非常不认同

24. 您认为乐观的心态是决定经营者人力资本价值的主要因素吗？

A. 非常认同　　　　　B. 认同　　　　　C. 基本认同　　　　　D. 不确定

E. 不大认同　　　　　F. 不认同　　　　　G. 非常不认同

25. 您认为良好的职业道德是决定经营者人力资本价值的主要因素吗？

A. 非常认同　　　　　B. 认同　　　　　C. 基本认同　　　　　D. 不确定

E. 不大认同　　　　　F. 不认同　　　　　G. 非常不认同

26. 您认为经营者的勇气是决定经营者人力资本价值的主要因素吗？

A. 非常认同　　　　　B. 认同　　　　　C. 基本认同　　　　　D. 不确定

E. 不大认同　　　　　F. 不认同　　　　　G. 非常不认同

27. 您认为经营者的责任心是决定经营者人力资本价值的主要因素吗？

A. 非常认同　　　　　B. 认同　　　　　C. 基本认同　　　　　D. 不确定

E. 不大认同　　　　　F. 不认同　　　　　G. 非常不认同

28. 您认为经营者的上进心是决定经营者人力资本价值的主要因素吗？

A. 非常认同　　　　　B. 认同　　　　　C. 基本认同　　　　　D. 不确定

E. 不大认同　　　　F. 不认同　　　　G. 非常不认同

29. 您认为经营者的自信是决定经营者人力资本价值的主要因素吗？

A. 非常认同　　　　B. 认同　　　　C. 基本认同　　　　D. 不确定

E. 不大认同　　　　F. 不认同　　　　G. 非常不认同

30. 您认为经营者良好的诚信是决定经营者人力资本价值的主要因素吗？

A. 非常认同　　　　B. 认同　　　　C. 基本认同　　　　D. 不确定

E. 不大认同　　　　F. 不认同　　　　G. 非常不认同

31. 您认为情绪的稳定是决定经营者人力资本价值的主要因素吗？

A. 非常认同　　　　B. 认同　　　　C. 基本认同　　　　D. 不确定

E. 不大认同　　　　F. 不认同　　　　G. 非常不认同

三、组织环境要素

32. 您认为企业的规模与经营者人力资本价值发挥的关系如何？

A. 非常重要　　　　B. 重要　　　　C. 比较重要　　　　D. 不确定

E. 不大重要　　　　F. 不重要　　　　G. 没有关系

33. 您认为经营者的职位与其人力资本价值发挥的关系如何？

A. 非常重要　　　　B. 重要　　　　C. 比较重要　　　　D. 不确定

E. 不大重要　　　　F. 不重要　　　　G. 没有关系

34. 您认为经营者职位与其自身特点的匹配性对经营者人力资本价值发挥的关系如何？

A. 非常重要　　　　B. 重要　　　　C. 比较重要　　　　D. 不确定

E. 不大重要　　　　F. 不重要　　　　G. 没有关系

35. 您认为企业的产权配置（经营者持股）对经营者人力资本价值的影响如何？

A. 非常重要　　　　B. 重要　　　　C. 比较重要　　　　D. 不确定

E. 不大重要　　　　F. 不重要　　　　G. 没有关系

36. 您认为经营者之间的团队协作对经营者人力资本价值的影响如何？

A. 非常重要　　　　B. 重要　　　　C. 比较重要　　　　D. 不确定

E. 不大重要　　　　F. 不重要　　　　G. 没有关系

37. 您认为经营者对企业文化的适应性与经营者人力资本价值之间的关系如何?

A. 非常重要　　　　B. 重要　　　　C. 比较重要　　　　D. 不确定

E. 不大重要　　　　F. 不重要　　　　G. 没有关系

再次感谢您的合作,谢谢!

附录 C 《经营者人力资本价值计量专家调查问卷》 专家样本来源

专家来源	所属行业
山东大学	高校
山东农业大学	高校
山东财政学院	高校
山东经济学院	高校
山东中医药大学	高校
济南山创信息技术有限公司	IT
建设银行山东省分行	金融
中国重汽集团有限公司	汽车
济南亚伯企业管理顾问有限公司	咨询
山东桑乐太阳能有限公司	太阳能
济南大坤经贸有限公司	贸易

附录 D 经营者人力资本价值
计量专家调查问卷

为了建立经营者人力资本价值计量模型，我们特进行此次经营者人力资本价值计量的专家调查。

感谢您在百忙之中填写此次的问卷，您的意见对我们很重要。本次问卷的结果仅用于科研用途，调查的数据我们会严格保密，不会用于任何商业用途。

谢谢您的合作！

您的个人基本信息：

1. 性别：A. 男；B. 女

2. 年龄：A. 30～40 岁（含 30 岁，不含 40 岁，依次类推）；B. 40～50 岁；C. 50～60 岁；D. 60 岁以上

3. 您的学历：

问卷正文

说明：经营者人力资本主要指是经营者的知识、经验、技能和健康。经营者人力资本的价值不仅与经营者人力资本的存量要素（知识、经验、技能和健康）有关，还与经营者的个性要素（个人魅力、乐观、负责、职业道德等）和组织环境要素（权力、协作、企业规模）有关。

下面是对影响经营者人力资本价值的因素进行的两两比较，请根据您个人的看法进行选择。

1. 当经营者人力资本的存量要素和经营者的个性要素相比时，您认为对于经营者的个性要素，经营者的人力资本存量要素在经营者人力资本价值发挥中的作用：

　A. 极重要　　　　B. 很重要　　　　C. 重要　　　　D. 略重要

　E. 同等重要　　　F. 略不重要　　　G. 不重要　　　H. 很不重要

　I. 极不重要

2. 当经营者人力资本的存量要素和组织环境要素相比时，您认为对于组织环境要素，经营者的人力资本存量要素在经营者人力资本价值发挥中的作用：

　A. 极重要　　　　B. 很重要　　　　C. 重要　　　　D. 略重要

　E. 同等重要　　　F. 略不重要　　　G. 不重要　　　H. 很不重要

　I. 极不重要

3. 当经营者人力资本的个性要素和组织环境要素相比时，您认为对于组织环境要素，经营者人力资本的个性要素在经营者人力资本价值发挥中的作用：

　A. 极重要　　　　B. 很重要　　　　C. 重要　　　　D. 略重要

　E. 同等重要　　　F. 略不重要　　　G. 不重要　　　H. 很不重要

　I. 极不重要

4. 在经营者的人力资本存量中，当经营者的工作经验和经营者的健康相比时，您认为相对于健康要素，经营者的工作经验：

　A. 极重要　　　　B. 很重要　　　　C. 重要　　　　D. 略重要

　E. 同等重要　　　F. 略不重要　　　G. 不重要　　　H. 很不重要

　I. 极不重要

5. 在经营者的人力资本存量中，当经营者的工作经验和经营者的教育程度相比时，您认为相对于教育程度要素，经营者的工作经验：

　A. 极重要　　　　B. 很重要　　　　C. 重要　　　　D. 略重要

　E. 同等重要　　　F. 略不重要　　　G. 不重要　　　H. 很不重要

　I. 极不重要

6. 在经营者的人力资本存量中，当经营者的工作经验和经营者的创新能力相比时，您认为相对于创新能力要素，经营者的工作经验：

　A. 极重要　　　　B. 很重要　　　　C. 重要　　　　D. 略重要

E. 同等重要　　　F. 略不重要　　　G. 不重要　　　H. 很不重要

I. 极不重要

7. 在经营者的人力资本存量中，当经营者的工作经验和经营者的市场应变能力相比时，您认为相对于市场应变能力要素，经营者的工作经验：

A. 极重要　　　B. 很重要　　　C. 重要　　　D. 略重要

E. 同等重要　　　F. 略不重要　　　G. 不重要　　　H. 很不重要

I. 极不重要

8. 在经营者的人力资本存量中，当经营者的工作经验和经营者的领导能力相比时，您认为相对于领导能力要素，经营者的工作经验：

A. 极重要　　　B. 很重要　　　C. 重要　　　D. 略重要

E. 同等重要　　　F. 略不重要　　　G. 不重要　　　H. 很不重要

I. 极不重要

9. 在经营者的人力资本存量中，当经营者的工作经验和经营者的战略决策能力相比时，您认为相对于战略决策能力要素，经营者的工作经验：

A. 极重要　　　B. 很重要　　　C. 重要　　　D. 略重要

E. 同等重要　　　F. 略不重要　　　G. 不重要　　　H. 很不重要

I. 极不重要

10. 在经营者的人力资本存量中，当经营者的健康和经营者的教育程度相比时，您认为相对于教育程度要素，经营者的健康：

A. 极重要　　　B. 很重要　　　C. 重要　　　D. 略重要

E. 同等重要　　　F. 略不重要　　　G. 不重要　　　H. 很不重要

I. 极不重要

11. 在经营者的人力资本存量中，当经营者的健康和经营者的创新能力相比时，您认为相对于创新能力要素，经营者的健康：

A. 极重要　　　B. 很重要　　　C. 重要　　　D. 略重要

E. 同等重要　　　F. 略不重要　　　G. 不重要　　　H. 很不重要

I. 极不重要

12. 在经营者的人力资本存量中，当经营者的健康和经营者的市场应变能力相比时，您认为相对于市场应变能力要素，经营者的健康：

A. 极重要　　　　　B. 很重要　　　　　C. 重要　　　　　D. 略重要

E. 同等重要　　　　F. 略不重要　　　　G. 不重要　　　　H. 很不重要

I. 极不重要

13. 在经营者的人力资本存量中，当经营者的健康和经营者的领导能力相比时，您认为相对于领导能力要素，经营者的健康：

A. 极重要　　　　　B. 很重要　　　　　C. 重要　　　　　D. 略重要

E. 同等重要　　　　F. 略不重要　　　　G. 不重要　　　　H. 很不重要

I. 极不重要

14. 在经营者的人力资本存量中，当经营者的健康和经营者的战略决策能力相比时，您认为相对于战略决策能力要素，经营者的健康：

A. 极重要　　　　　B. 很重要　　　　　C. 重要　　　　　D. 略重要

E. 同等重要　　　　F. 略不重要　　　　G. 不重要　　　　H. 很不重要

I. 极不重要

15. 在经营者的人力资本存量中，当经营者的教育程度和经营者的创新能力相比时，您认为相对于创新能力要素，经营者的教育程度：

A. 极重要　　　　　B. 很重要　　　　　C. 重要　　　　　D. 略重要

E. 同等重要　　　　F. 略不重要　　　　G. 不重要　　　　H. 很不重要

I. 极不重要

16. 在经营者的人力资本存量中，当经营者的教育程度和经营者的市场应变能力相比时，您认为相对于市场应变能力要素，经营者的教育程度：

A. 极重要　　　　　B. 很重要　　　　　C. 重要　　　　　D. 略重要

E. 同等重要　　　　F. 略不重要　　　　G. 不重要　　　　H. 很不重要

I. 极不重要

17. 在经营者的人力资本存量中，当经营者的教育程度和经营者的领导能力相比时，您认为相对于领导能力要素，经营者的教育程度：

A. 极重要　　　　　B. 很重要　　　　　C. 重要　　　　　D. 略重要

E. 同等重要　　　　F. 略不重要　　　　G. 不重要　　　　H. 很不重要

I. 极不重要

18. 在经营者的人力资本存量中，当经营者的教育程度和经营者的战略决策能力相比时，您认为相对于战略决策能力要素，经营者的教育程度：

    A. 极重要   B. 很重要   C. 重要   D. 略重要

    E. 同等重要   F. 略不重要   G. 不重要   H. 很不重要

    I. 极不重要

19. 在经营者的人力资本存量中，当经营者的创新能力和经营者的市场应变能力相比时，您认为相对于市场应变能力要素，经营者的创新能力：

    A. 极重要   B. 很重要   C. 重要   D. 略重要

    E. 同等重要   F. 略不重要   G. 不重要   H. 很不重要

    I. 极不重要

20. 在经营者的人力资本存量中，当经营者的创新能力和经营者的领导能力相比时，您认为相对于领导能力要素，经营者的创新能力：

    A. 极重要   B. 很重要   C. 重要   D. 略重要

    E. 同等重要   F. 略不重要   G. 不重要   H. 很不重要

    I. 极不重要

21. 在经营者的人力资本存量中，当经营者的创新能力和经营者的战略决策能力相比时，您认为相对于战略决策能力要素，经营者的创新能力：

    A. 极重要   B. 很重要   C. 重要   D. 略重要

    E. 同等重要   F. 略不重要   G. 不重要   H. 很不重要

    I. 极不重要

22. 在经营者的人力资本存量中，当经营者的市场应变能力和经营者的领导能力相比时，您认为相对于领导能力要素，经营者的市场应变能力：

    A. 极重要   B. 很重要   C. 重要   D. 略重要

    E. 同等重要   F. 略不重要   G. 不重要   H. 很不重要

    I. 极不重要

23. 在经营者的人力资本存量中，当经营者的市场应变能力和经营者的战略决策能力相比时，您认为相对于战略决策能力要素，经营者的市场应变能力：

    A. 极重要   B. 很重要   C. 重要   D. 略重要

    E. 同等重要   F. 略不重要   G. 不重要   H. 很不重要

    I. 极不重要

24. 在经营者的人力资本存量中，当经营者的领导能力和经营者的战略决策能力相比时，您认为相对于战略决策能力要素，经营者的领导能力：

A. 极重要　　　　B. 很重要　　　　C. 重要　　　　D. 略重要

E. 同等重要　　　F. 略不重要　　　G. 不重要　　　H. 很不重要

I. 极不重要

25. 在经营者的个性要素对其人力资本价值的影响中，当经营者的个人魅力和经营者的情绪品质相比时，您认为相对于情绪品质要素，经营者的个人魅力：

A. 极重要　　　　B. 很重要　　　　C. 重要　　　　D. 略重要

E. 同等重要　　　F. 略不重要　　　G. 不重要　　　H. 很不重要

I. 极不重要

26. 在经营者的个性要素对其人力资本价值的影响中，当经营者的个人魅力和经营者的责任品质相比时，您认为相对于责任品质要素，经营者的个人魅力：

A. 极重要　　　　B. 很重要　　　　C. 重要　　　　D. 略重要

E. 同等重要　　　F. 略不重要　　　G. 不重要　　　H. 很不重要

I. 极不重要

27. 在经营者的个性要素对其人力资本价值的影响中，当经营者的个人魅力和经营者的职业道德品质相比时，您认为相对于职业道德品质要素，经营者的个人魅力：

A. 极重要　　　　B. 很重要　　　　C. 重要　　　　D. 略重要

E. 同等重要　　　F. 略不重要　　　G. 不重要　　　H. 很不重要

I. 极不重要

28. 在经营者的个性要素对其人力资本价值的影响中，当经营者的情绪品质和经营者的责任品质相比时，您认为相对于责任品质要素，经营者的情绪品质：

A. 极重要　　　　B. 很重要　　　　C. 重要　　　　D. 略重要

E. 同等重要　　　F. 略不重要　　　G. 不重要　　　H. 很不重要

I. 极不重要

29. 在经营者的个性要素对其人力资本价值的影响中，当经营者的情绪品质和经营者的职业道德品质相比时，您认为相对于职业道德品质要素，经营者的情绪品质：

A. 极重要　　　　　B. 很重要　　　　C. 重要　　　　D. 略重要

E. 同等重要　　　　F. 略不重要　　　G. 不重要　　　H. 很不重要

I. 极不重要

30. 在经营者的个性要素对其人力资本价值的影响中，当经营者的责任品质和经营者的职业道德品质相比时，您认为相对于职业道德品质要素，经营者的责任品质：

A. 极重要　　　　　B. 很重要　　　　C. 重要　　　　D. 略重要

E. 同等重要　　　　F. 略不重要　　　G. 不重要　　　H. 很不重要

I. 极不重要

31. 在企业组织要素对经营者人力资本价值的影响中，当经营者的权力和经营者之间协作相比时，您认为相对于经营者之间的协作要素，经营者的权力：

A. 极重要　　　　　B. 很重要　　　　C. 重要　　　　D. 略重要

E. 同等重要　　　　F. 略不重要　　　G. 不重要　　　H. 很不重要

I. 极不重要

32. 在企业组织要素对经营者人力资本价值的影响中，当经营者的权力和企业规模相比时，您认为相对于企业规模，经营者的权力：

A. 极重要　　　　　B. 很重要　　　　C. 重要　　　　D. 略重要

E. 同等重要　　　　F. 略不重要　　　G. 不重要　　　H. 很不重要

I. 极不重要

33. 在企业组织要素对经营者人力资本价值的影响中，当经营者之间的协作和企业规模相比时，您认为相对于企业规模，经营者之间的协作：

A. 极重要　　　　　B. 很重要　　　　C. 重要　　　　D. 略重要

E. 同等重要　　　　F. 略不重要　　　G. 不重要　　　H. 很不重要

I. 极不重要

再次感谢您的合作！

附录 E 经营者人力资本价值
计量模型检验问卷

为了确定经营者人力资本价值计量模型的准确性和有效性，我们特组织这次经营者人力资本价值计量模型的检验调查。

感谢您在百忙之中填写此次的问卷，您的意见对我们很重要。本次问卷的结果仅用于科研用途，调查的数据我们会严格保密，不会用于任何商业用途。

谢谢您的合作！

您的个人基本信息：

1. 性别：A. 男；B. 女

2. 年龄：A. 20～30 岁（包含 20 岁，不包含 30 岁，依次类推）；B. 30～40 岁；C. 40～50 岁；D. 50～60 岁；E. 60 岁以上

3. 您的学历：＿＿＿＿＿＿＿＿＿＿＿＿

问卷填写说明：

请您根据您个人的看法在每道题目后面表格的对应选项中画"√"

编号	题目	非常好	很好	好	比较好	略好	一般	略差	比较差	差	很差	非常差
1	精力充沛											
2	领导能力											
3	战略决策能力											
4	创新能力											

（续表）

编号	题目	非常好	很好	好	比较好	略好	一般	略差	比较差	差	很差	非常差
5	协调能力											
6	沟通能力											
7	分析能力											
8	市场应变能力											
9	凝聚能力											
10	学习能力											
11	洞察能力											
12	正直程度											
13	乐观程度											
14	职业道德											
15	勇气											
16	责任心											
17	自信程度											
18	诚信程度											
19	情绪稳定											
20	职位匹配											
21	团队协作											
22	文化适应											

谢谢您的合作！

后　记

　　首先我要特别感谢我的导师任辉教授，感谢他在我就读博士期间给予我的悉心指导、不倦教诲和耐心帮助。在本书（基于我的毕业论文）的完成过程中，任老师对论文选题、研究方法及写作技巧等方面提出了许多建设性的意见和建议，使我提高了提出问题、解决问题的能力。同时，在我学位论文的修改过程中，任老师做了很多非常细致的工作，对我写作的论文进行了精心的修改和反复的推敲，使论文不断完善。特别是任老师对学术问题敏锐的洞察力、广阔的思路、严谨的治学态度和勇于创新的精神都对我产生了较大的影响，使我受益匪浅，在此我向任老师表示衷心的感谢。

　　感谢在我攻读博士研究生期间，授予我知识和学问的所有任课老师，特别感谢胡继连教授、王家传教授、杨学诚教授、史建民教授，他们在论文选题和结构方面给我提出了很多非常有用的建议，还要特别感谢王红岩老师给我的热心、周到和无私的帮助，在此向他们表示诚挚的谢意。

　　我还要特别感谢谢永珍教授和赵锡峰老师在我论文写作期间，给我提供了大量资料和无私的帮助。

　　同样我也特别感谢一直以来关心支持我的家人，我所得到的点滴成绩都与他们所给予我的巨大而又贴心的关怀密不可分，他们不遗余力的支持和鼓励都是我完成学业的巨大动力。

　　感谢我的同学陈磊、许玉晓、季泽、张文玺、王翠春、王晓红、邓岩、徐维爽等，他们在我的学习、研究和生活方面都给予了我无私的帮助。

感谢我的挚友吕玉芹一直给我精神上的鼓励。

感谢我的朋友给我的支持。

谨以此文献给我的老师、朋友和家人，感谢他们对我的关心和帮助。